奈良を知る

日本書紀の山辺道《やまのへのみち》

靍井 忠義

青垣出版

はじめに

『探訪　日本書紀の大和』（雄山閣出版）の刊行からはや十八年になる。大和（奈良県）全域に「日本書紀の舞台」を訪ねた新聞（奈良新聞）連載が単行本化されたものだったが、書紀に記された藤原京時代以前の主な物語や出来事のほとんど全てと大和の重要遺跡の大半を紹介することができ、日本古代史の舞台としての大和の〝すごさ〟を改めて知った。

今度は、「大和の根源」「日本の原風景」を見たり、感じたりしようとする人たちがたくさん訪れるようになった山の辺の道沿いの地域に絞りこんで、「日本書紀の舞台」を訪ねた。

そこは、三輪《みわ》であり、磯城《しき》であり、纏向《まきむく》であり、布留《ふる》である。日本古代史にとってはおそろおそろしいばかりの地名が並ぶ。大和の中のヤマトである。

三輪山があり、最古の大神《おおみわ》神社があり、箸墓《はしはか》をはじめとする巨大古墳が累々と横たわる。七支刀の石上《いそのかみ》神宮、チャンチャン祭りの大和《おおやまと》神社もある。大和川の本流・初瀬川の流れや見るからに肥沃そうな水田とともに「日本の原風景」といえる景観を織りなす。

この地で活躍したのは崇神天皇から始まる「三輪王権」の人々だった。三諸山《みもろやま》（三輪山）の神は崇《たた》り神となる一方で、夜な夜な倭迹迹日百襲姫《やまとととひももそひめ》のもとに通う。ヤマトタケルノミコト（日本武尊、倭建命）は東征の帰路、目前にしながら帰れないこの地のことを「国のまほろば」と歌いあげた。カタヤケシでは野見宿祢《のみのすくね》が最初の天覧相撲に勝利した。

「神話と歴史」が混とんとしながらも、時代でいえば古墳時代前期、三―四世紀ごろに日本列島で最初に誕生した王権の息吹を伝える。

初期ヤマト王権と呼ばれることが多くなったこの地の古代王権の実態は、まだまだ分からないことが多い。しかし、発掘調査で地下から出土する遺構や遺物が、毎年のように新しいメッセージを語りかけ、歴史を塗り替える。まことに〝ニュースな地下〟であることも、この地の魅力といえる。

書紀を読もうとすれば大和の遺跡を見なければならない。大和の遺跡を考えようとすれば書紀を読まなければならない――と以前に書いた。山の辺の道の日本書紀を見ることは初期ヤマト王権を見ることにほかならないが、同時に、

「日本古代史の原点」、さらに「日本の根源」を見ることではないかと思う。

本書が、その一助となれば幸いである。

なお、いま多くの人が訪ねる歴史の道は「山の辺の道」と表記することが多いが、『日本書紀』に登場する古代の道は「山辺道《やまのへのみち》」。タイトルはこれに従った。北側に少し足を延ばして佐保・佐紀地方のことにも少し触れた。

二〇〇九年一〇月

著者

目次

はじめに

1 磯城《しき》――初期ヤマト王権 …… 13

六基の巨大前方後円墳／最初の大王権／大王権を支えたシキシキの地

崇神天皇は磯城の三輪山のふもとに都を置いた。三輪山周辺には六基の巨大古墳が集中する。

ワンポイント 王権を語る古墳 …… 22

王者の持ち物――桜井茶臼山の玉杖／鉄の王権――メスリ山古墳

六基のうち発掘されたのは桜井茶臼山古墳とメスリ山古墳だけ。玉杖《ぎょくじょう》、巨大埴輪、鉄製弓矢、鉄鏃などが王権の姿を語りかける

2 三諸山《みもろのやま》――三輪山の祟《たた》り神 …… 28

陶邑から大田田根子／王権の祭祀／磐座の農耕祭祀

三輪山の神はなぜか王権の祟り神だった。祟りを鎮めた大田田根《おおたたね》子《こ》はなぜか須恵器の大生産地、陶邑《すえむら》にいた

3　笠縫邑《かさぬいのむら》―元伊勢の伝承 …… 37
茅原の桧原社／白砂の笠縫神社／東国計略の伊勢
祟りを恐れ、天照大神を倭大国魂神《やまとおおくにたま》と離して笠縫邑で祭った。さらに、東国を望む伊勢へ遷す

4　大市《おおいち》―箸墓伝説の正体 …… 45
最初の巨大古墳／始祖王墓か「女の墓」か／オイチは「ヤマトのクロネコ」か
倭迹迹日百襲姫《やまとととひももそひめ》は大物主の妻となった。箸で陰部を突いて命を落とす。大市の箸墓に葬った

5　纒向《まきむく》―最初の宮都 …… 54
全国各地の土器／纒向型前方後円墳／卑弥呼の居た所
初期ヤマト王権の王都は纒向にあった。纒向遺跡は日本最初の都市遺跡、「卑弥呼の居た所」説も高まる

ワンポイント　纒向都市論は本当か……64
少ないイエ遺構—纒向の不思議／方位と柱筋を揃えた建物群
都市を裏付ける建物遺構の少なかった纒向遺跡。柱筋を揃えた建物群がついに姿を現し始めた

6　穴磯《あなし》・長岡岬《ながおかのさき》—穴師の兵主神……73
鉄を食べる穴師神／長岡岬は柳本？／初めての天覧相撲／巻向山・巻向川
倭大国魂神は穴磯邑《あなしのむら》に祭った。いま、穴師の里には武器や製鉄、アメノヒボコと関わり深い兵主《ひょうず》神社がある

ワンポイント　出雲と菅原—野見宿祢《のみのすくね》と土師《はじ》……82
埴輪づくりの土師氏／菅原の土師氏／大和の出雲
当麻蹶速《たきまのけはや》を負かした野見宿祢は出雲の出身。埴輪作りの土師部の祖、天満宮の菅原道真の祖でもある

7
山辺道《やまのへのみち》—王権の地 …… 91
おおやまと古墳集団／41キロの水銀朱、23面の銅鏡／33面の三角縁神獣鏡
崇神陵、景行陵などが並ぶ柳本は山の辺の道の拠点。天神山古墳からは23面の銅鏡、黒塚古墳からは33面の三角縁神獣鏡

8
大倭《おおやまと》—国のまほろば …… 100
青垣に囲まれたヤマト／中山大塚と下池山古墳／大型内行花文鏡／王権の奥津城
チャンチャン祭りの渡御行列は、なぜか、中山大塚のお旅所に向かう。大和古墳群は大和王権の奥津城《おくつき》

ワンポイント　ヤマトタケルの東征 …… 109
東征経路の伝承／東海道は海路／中山道は最短ルート
焼津、馳水《はしりみず》、碓日坂《うすひのさか》、吾嬬《あづま》、信濃坂、胆吹山《いぶきやま》、尾津《おつ》、能褒野《のぼの》。ヤマトタケルの行路は古代交通路？

9
布留《ふる》―石上神宮と物部氏 …… 120
王権の武器庫／タマフリの社／物部氏の布留遺跡／十の品部
タマフリの社は王権の武器庫。物部の本拠、布留遺跡からは「十の品部《ともべ》（職能集団）」の遺物が出土

ワンポイント 七支刀と七枝刀 …… 128
献上か下賜か
百済王が百錬の鉄で造った七支刀。倭王へ献上か、贈与か、下賜か。神功《じんぐう》皇后紀の「七枝刀」か

10
和珥坂《わにのさか》―出陣の祭祀、北陸への坂 …… 132
四道将軍・大彦命／北陸道への起点／和珥・春日系氏族の拠点
大彦命《おおびこのみこと》は和珥坂で武埴安彦《たけはにやすひこ》の反乱を知った。和珥・春日系古代氏族の拠点は北陸道への出発地だった

ワンポイント　影媛《かげひめ》あはれ　141
布留から高橋、大宅、春日、小佐保。那羅山の平群鮪《へぐりのしび》のもとへ、
影媛はひたすら駆けた

11　佐保《さほ》・佐紀《さき》―もう一つの王権　145
佐紀盾列古墳群／三輪王権の「次の時代」／押熊王
狭穂彦《さほひこ》、狭穂姫《さほひめ》は稲城の中で焼け死んだ。佐紀盾列《さきたたなみ》古墳群は佐保
王権の遺産か、押熊王《おしくま》の遺産か

ワンポイント　田道間守《たじまもり》と「北の血」　155
もう一つの皇統譜
垂仁天皇に「非時《ときじく》の香菓《かくのみ》」を持ち帰った田道間守は、新羅《しらぎ》の王子、
アメノヒボコの五世の孫。神功皇后も同じ血を引く

装幀／根本　真一

カバーの写真は23面の鏡と大量の水銀朱が出土した
天神山古墳の石室とメスリ山古墳の鉄鏃（奈良県立
橿原考古学研究所提供）

1 磯城《しき》――初期ヤマト王権

御間城入彦五十瓊殖天皇《みまきいりひこいにえ》は、十九歳で皇太子となった。聡敏《そうびん》で、大きなはかりごとを好んだ。
稚日本根子彦大日日天皇《わかやまとねこひこおおびび》（開化天皇）がなくなり、即位。三年の秋九月に、磯城に都を移した。瑞籬宮《みずがきのみや》という。

〈巻第五・崇神天皇〉

「御間城入彦五十瓊殖天皇《みまきいりひこいにえ》」とは第十代崇《す》神《じん》天皇のことである。実在性が高い最初の天皇とされる。

『日本書記』は、巻第一と巻第二が「神代」の話。伊奘諾尊《いざなぎのみこと》と伊奘冉尊《いざなみのみこと》の国生み神話、高天原《たかまがはら》を舞台にした天石窟《あまのいわや》事件、素戔嗚尊《すさのおのみこと》の追放などの事件が起き、八岐大蛇《やまたのおろち》退治、国譲り、「日向《ひゅうが》三代」の物語などへと展開していく。

巻第三は、彦炎出見《ひこほほでみ》が日向から海路で大和を目指し、大和平野の在来勢力を打ち倒して橿原宮《かしはら》で即位、初代・神武《じんむ》天皇になったという「神武東征」の物語。

巻第四は、綏靖《すいぜい》、安寧《あんねい》、懿徳《いとく》、孝昭《こうしょう》、孝安《こうあん》、孝霊《こうれい》、孝元《こうげん》、開化《かいか》の第二代から第九代まで八人の天皇について、諡名《おくりな》、宮居、母の名、后妃《こうひ》の名、子の名、御陵などを記している。

そして巻第五が崇神天皇紀。ここにきて、〝現実味〟を帯びた記事が登場してくる。

登場人物の活躍する舞台は、三輪山のふもと、あるいは三輪山を仰《あお》ぎ見る奈良盆地東南部の磯城《しき》地方なのである。

六基の巨大前方後円墳

三輪山周辺地域には、全長二〇〇メートルを超えるいわゆる巨大前方後円墳が六基も集中する。

桜井市箸中《はしなか》。まるで三輪山に抱かれるように立地する巨大古墳が箸墓《はしはか》(箸中山《はしなかやま》)古墳。邪馬台国《やまたいこく》の女王・卑弥呼《ひみこ》の墓説もある注目の大古墳だ。全長二八〇メートルを測る。六基の中で一番早く造られた。つまり、最古の巨大古墳だ。

うっそうとした樹木に覆われ、北側の池に三輪山とともにその陰を映す姿は、大和古代

三輪山と箸墓古墳(奈良県立橿原考古学研究所提供)

王権のシンボル的光景だ。

北へ五〇〇メートル程のところ、天理市渋《しぶ》谷《たに》町に、景行《けいこう》天皇陵とされる渋谷向山《しぶたにむこうやま》古墳が横たわる。全長三〇〇メートル、六基の中で一番大きい。

崇神天皇陵とされる行燈山《あんどんやま》古墳はその北側にほぼ隣り合う格好で、天理市柳本町にある。二四二メートル。渋谷向山より一回り小さいのだが、高さ七メートルほどもある土堤の周濠に取り囲まれ、「これぞ王陵」と言わんばかりの堂々とした姿。

付近からは、まほろばの国原に浮かぶ畝傍《うねび》、耳成《みみなし》、香久《かぐ》の大和三山とかなたの二上《にじょう》山《さん》をはじめとする生駒・金剛《こんごう》・葛城《かつらぎ》の山並みなどが見渡せ、山の辺の道めぐりの拠点だ。

手白香《てしらか》皇女の衾田《ふすまだ》陵とされる西殿塚《にしとのづか》古墳は、山の辺の道からは少し離れて天理市萱《か》生《よ》町の高台に位置する。全長二一九メートル、六基の中で二番目に古く、箸墓古墳に次いで築造されたことは考古学者の一致して認めるところ。六世紀に登場した継体《けいたい》天皇の后で、欽明《きんめい》天皇の母に当たる手白香皇女を葬る衾田陵とするにはあまりにも時代が食い違い、宮内庁の陵墓治定の間違いの典型例ともいえる。

あとの二基、桜井茶臼山《さくらいちゃうすやま》古墳とメスリ山古墳は少し離れて南側にある。

桜井茶臼山古墳は、市街地の東はずれ、桜井市外山《とび》の国道１６５号沿いに立地し、全長二七〇メートル。前方部が後円部に比べて低くて、幅が狭い「柄鏡式《えかがみしき》」と呼ばれる特徴ある墳形で知られる。陵墓に指定されず、国史跡。周濠もあったらしいが、今は、墳丘まぎわまで住宅が建て込んでいる。

メスリ山古墳は市街地の南方、阿倍《あべ》丘陵の南端にあたる桜井市高田にある。全長二二四メートル。後円部は神社の社叢となりこんもりした森をつくるが、前方部は大方が畑、地上からは墳丘の形はなかなかつかみにくい。

最初の大王権

六基の巨大古墳の築造時期は、三―四世紀代とされる。一番最初に造られたのは箸墓古墳であることは研究者の見解が一致している。ただその築造年代については、近年は三世紀初頭説も出て、見解に開きが大きい。

以後の築造順位についてはさまざまな見方が交錯するが、四世紀半ばごろまでの間に次々と築造されたたということには異論はないようだ。

築造開始は三世紀だったのか、四世紀に入ってからだったのかは少しおくとして、この時期にこれほどの規模の大古墳が集中して造営されたところは、日本列島中、ここ三輪山周辺地域以外にはない。また、箸墓古墳より早い時期に造られた全長二〇〇メートルを超える巨大古墳は、全国どこにもない。

つまり、箸墓古墳は日本列島で最初に出現した巨大古墳であり、六基は列島最初の巨大古墳集団なのである。

古墳は権力のモニュメントである。燃えるものや腐るものは、千数百年の歳月を経てなかなか残りにくい。土や石や焼きもので造られたから残った古墳は、多くの情報をいまに

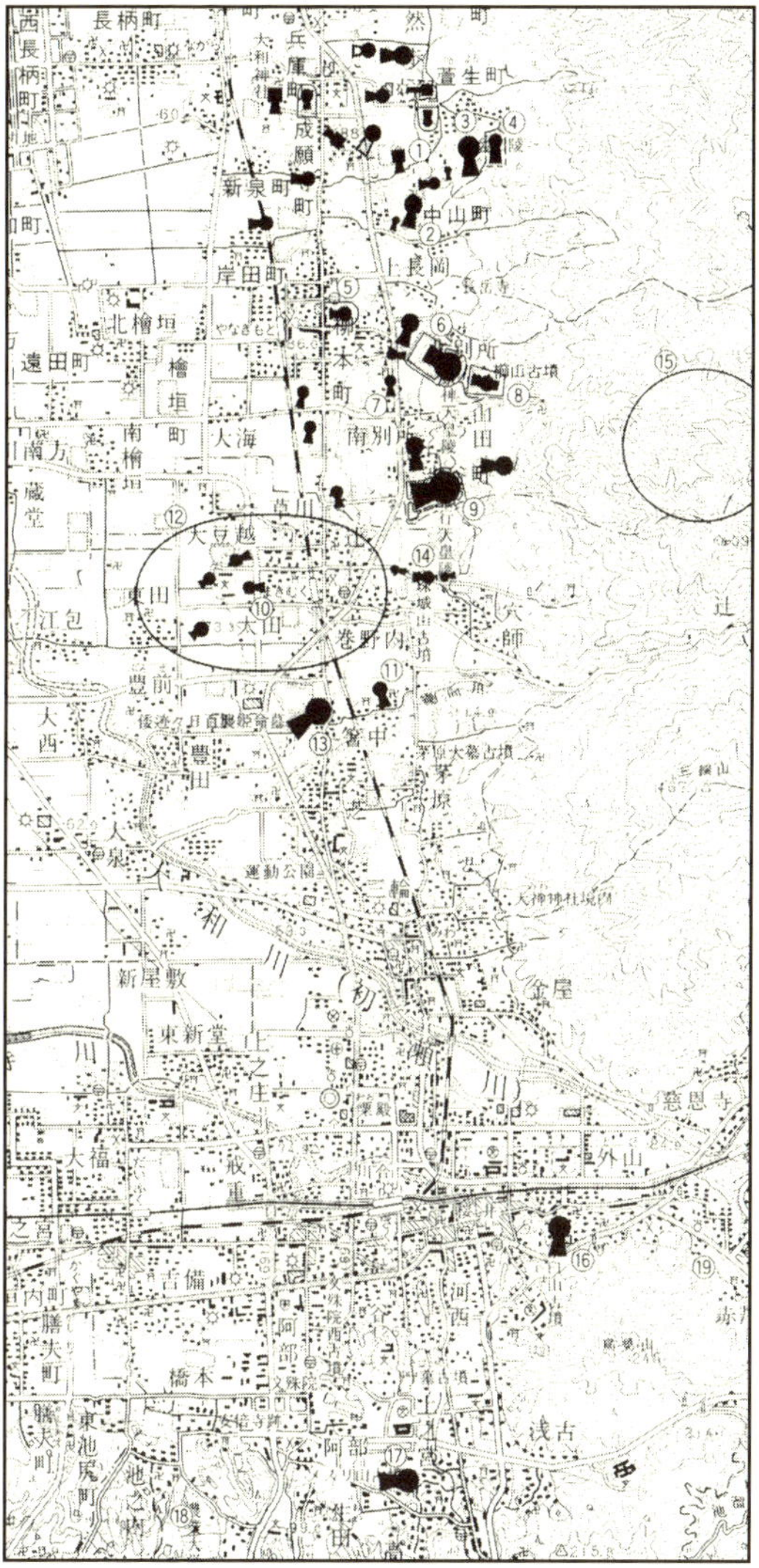

橿原考古学研究所付属考古博物館発行
『巨大埴輪とイワレの王墓』より

奈良盆地東南部の古墳群

①下池山古墳
②中山大塚古墳
③西殿塚古墳
④東殿塚古墳
⑤黒塚古墳
⑥行燈山古墳
⑦天神山古墳
⑧櫛山古墳
⑨渋谷向山古墳
⑩纒向石塚古墳
⑪ホケノ山古墳
⑫纒向遺跡
⑬箸墓古墳
⑭珠城山古墳群
⑮龍王山古墳群
⑯桜井茶臼山古墳
⑰メスリ山古墳
⑱池ノ内古墳群
⑲赤尾熊ヶ谷古墳群

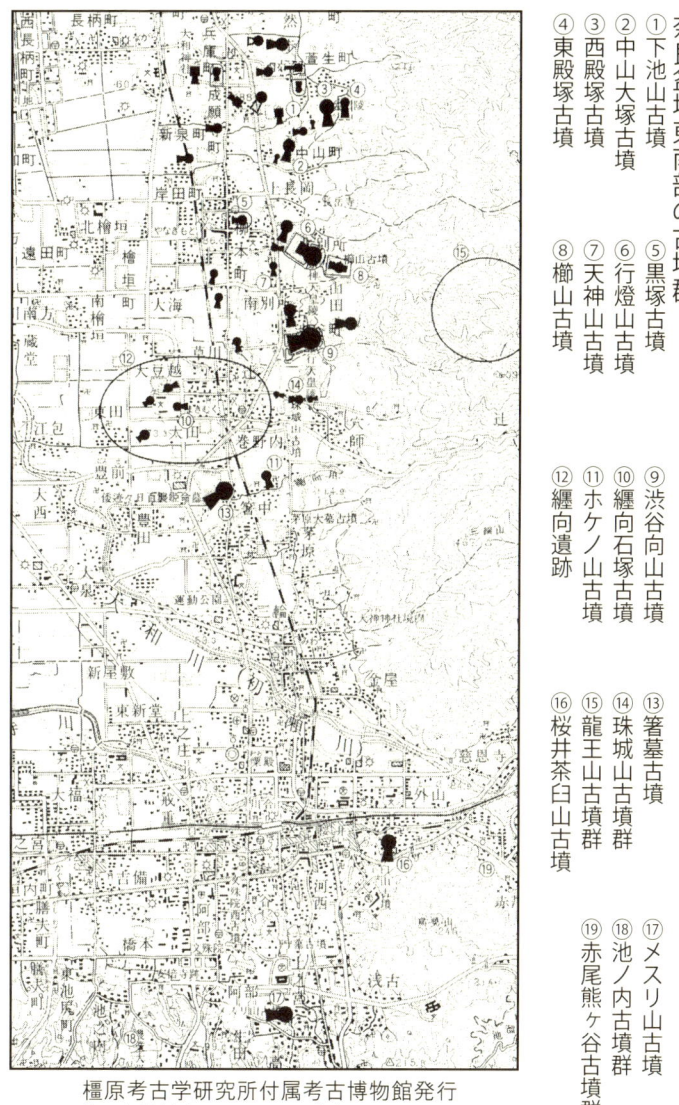

伝える。

「巨大」とか「豪華」とかいうだけの情報も、富や権力との関わりでは大きな意味をもつ。

仁徳《にんとく》天皇陵（大山《だいせん》古墳＝大阪府堺市）の造営は、ピーク時二千人が、一日八時間労働で週一日休みのペースで作業に当たったとして十五年八カ月を要した、という大林組の計算にもあるように、古墳の築造は大土木工事だった。大勢の作業員を動員する富と権力がなければできることではなかった。

六基の巨大古墳は、三輪山周辺地域には三—四世紀に列島で最も強大な富と権力を持つ集団（勢力）が一定期間存在した、という動かしがたい事実を物語っているのである。それも他の地域から飛び抜けて強大だったことをうかがわせる。大王権がこの地に最初に出現した、と考えないわけにはいかない。

崇神天皇が言った。

「私は天子の位をついたが、光輝がふさがれ、陰陽が乱れ、寒暑が順序を失い、疫病《えきびょう》がはやり、百姓が災難を受けた。しかし今、罪を祓《はら》い、過ちを改め、安く平らかに治め、軍を起こして従わない者を討った。これによって、朝廷は、廃《すた》ることなく、人民は生業を楽しみ、海外の国の人まで帰化するようになった」

人民の戸口を調査し、調役《ちょうえき》を賦課《ふか》した。天神地祇《てんじんちぎ》は柔和になり、百穀は成熟した。家々には物が満ち、天下は平穏になった。

そこで天皇を誉め讃えて御肇国天皇《はつくにしらすすめらみこと》

と申し上げた。

〈巻第五・崇神天皇〉

ハツクニシラススメラミコト。「初めて国を統治した天皇」という意味をもつ。実は、『日本書紀』には、二人のハツクニシラススメラミコトが登場する。あと一人は神武《じんむ》天皇で、「始馭天下之天皇」と表記する。

神武は初代天皇だから当然といえるかも知れないが、崇神天皇を「最初の天皇」とする意味は何なのだろうか。

三輪山の神を祭り、全国四方に軍を送って国の統治を進めたという崇神紀の大筋と、列島最初の巨大古墳が集中するという考古学的事実を突き合わせると、三輪山周辺地域こそ日本最初の権力者が登場した土地、と考えざるを得ないわけだが、その最初の大権力者が崇神天皇だったということになる。

崇神天皇から始まる「崇神王朝」は、「三輪王朝」とも、「大和政権」とも呼ばれてきた。いまは、「三輪王権」「初期ヤマト王権」など呼ばれることが多い。

大王権を支えたシキシキの地

崇神天皇は、磯城瑞籬《しきのみずがき》宮にいた。

伝承地は、山の辺の道の南の入口にあたる桜井市金屋《かなや》の志貴御県坐《しきのみあがたにいます》神社の境内地付近。同神社は磯城県主の祖神を祭り、まさに磯城の中心地といえる。『古事記』では「瑞垣宮」と表記し、前方、あるいは周囲を水に囲まれたような地であったことが推定できるが、伝承地は、すぐ南に大和川本流の初瀬川が流れ、大和川水運の船着場として大いに栄え、にぎわった海柘榴市《つばいち》の伝承地と隣り合わせる。

「磯城邑《しきむら》」は神武天皇即位前紀にも登場する。東征して、宇陀から大和に攻め下ろうとした時、最初に立ちはだかったのが、その磯城邑の磯城彦だった。兄弟がいて、弟磯城《おとしき》は服従、兄磯城《えしき》は抵抗したが、「忍坂《おっさか》の道」と墨坂《すみさか》方面から出撃してきた神武軍に敗れた。いまの宇陀《うだ》市大宇陀区方面から女寄峠《めよりとうげ》を下る国道１６６号の谷と、宇陀市榛原《はいばら》区方面から下る国道１６５号の初瀬《はせ》の谷の両方から攻め入られ、挟み撃ちにされたのである。

磯城の範囲は必ずしも明確ではない。

いまの磯城郡は田原本《たわらもと》町と川西町、三宅《みやけ》町の範囲（田原本町の南半分ほどは本来、十市《とおち》

良田が広がる磯城の地。右後方は三輪山

郡）だが、これはかつての式下《しきげ》郡の範囲。いまの桜井市の北半分と天理市の一部地域（旧柳本町）は式上《しきじょう》郡だった。要するに、大和川の本流、初瀬川に沿う盆地南東部が式下郡と式上郡、合わせて磯城の地だった。

子供のころ「シキシキ」を焼いてもらった記憶がある。水で溶いた小麦粉をフライパンで薄く延ばして焼く。お好み焼きのようにキャベツやネギは乗せず、ソースも塗らなかったと思う。

桜井市の三輪から纒向《まきむく》のあたり、さらにその北側の天理市南部の田園地帯を車で走ると、いつもその「シキシキ」を思い出す。大和《やまと》青垣《あおがき》の山並みからゆるやかな傾斜で西に延びる田園風景は平たい。薄紙を敷き述べたような、まさに「シキシキ」の土地なのだ。

肥沃な地である。大半が二毛作可能な良田。最近は小麦の栽培も復活してきた。いまも奈良県随一の穀倉地帯、スイカやナスの産地でもある。青垣の山々から何本も流れ出る清流によって灌漑《かんがい》が易《やす》く、たぶん早くから水田開発が進んだのだろう。

ただ、六基の巨大古墳を残した大王権を支えた生産力は、おそらく磯城地方はおろか大和一国ぐらいのものではなかっただろう。近畿全体か瀬戸内地方を含めた地域、あるいは九州も含めた西日本全体の王権だった可能性が高い。

しかし、王権の根拠地はあくまで、三輪山周辺地域であり、磯城の地だった。

ワン・ポイント
王権を語る古墳

三輪山周辺地域の六基の巨大古墳のうち、陵墓や陵墓参考地になっていない南の二基は、埋葬施設などの主体部に発掘調査のメスが入れられている。

王者の持ち物—桜井茶臼山の玉杖

桜井茶臼山《ちゃうすやま》古墳は、昭和二十四、二十五年に、主体部が発掘調査された。後円部の墳頂付近から板石を積み上げた、大きな竪穴《たてあな》式石室が見つかった。幅約一・二メートル、長さ六・七五メートル、高さ一・六メートルもあった。

「王者の持ち物」をほうふつさせる桜井茶臼山古墳の玉杖（奈良県立橿原考古学研究所提供）

桜井茶臼山古墳の竪穴式石室
（橿原考古学研究所編『大和の考古学１００年』より

何度も盗掘を受けていたが、トガの大木をくり抜いて作った木棺《もっかん》が残存していた。本来は二〇面近くあったとみられる三角縁神獣鏡《さんかくぶちしんじゅうきょう》、内行花文鏡《ないこうかもんきょう》、方格規《ほうかくき》矩鏡《くきょう》などの古いタイプの鏡の破片や各種石製品なども残っていた。

石製品の中で、碧玉製《へきぎょく》の「玉杖《ぎょくじょう》」が特に注目を集めた。合計四本分が出土、最も残りのいいのは碧玉の芯《しん》に鉄の棒を通して連結させていた。長さ五一・一センチあった。見るからに「王者の持ち物」をほうふつさせる。

石室の真上にあたる墳頂には、底に穴をうがたれた土師器の壺《つぼ》が方形状に立て並べられていた。底の抜けた壺など、壺の役目を果たさないはずだが、穴は焼成前に開けられたらしい。わざわざ、役立たずの壺をつくって並べていたのである。埴輪《はにわ》の起源との関わりで注目される。

こんな、考古学徒ならずともワクワクするような発掘成果が、六十年ほど前にザクザクと出てきたのである。

鉄の王権―メスリ山古墳

メスリ山古墳は、昭和三十四年に発掘調査された。

後円部墳頂部から、埋葬施設を囲うように円筒埴輪《えんとうはにわ》を整然と立て並べていたらしい、東西六・七メートル、南北一三・三メートルの方形区画が見つかった。

立て並べられていた円筒埴輪はその数一〇六本。調査を担当した故伊達宗泰氏（橿原考古学研究所から花園大教授）は、昭和五十二年刊行の報告書で「華麗にして荘厳な配置」と書いている。

円筒埴輪は、発掘後十年以上かけて復元された。最大のものは高さ二四二センチ。日本一の大きさだ。橿原考古学研究

復元されたメスリ山古墳の大型埴輪
（橿原考古学研究所提供）

メスリ山古墳墳頂部の埴輪方形区画出土状況（昭和 34 年）
＝橿原考古学研究所編『大和の考古学１００年』より＝

所附属博物館の「古墳時代」コーナーの入り口にデンと飾られている。見上げなければならないその大きさに、来観者たちはいきなり圧倒される。

　埋葬施設は、遺骸を埋めた主室と副葬品を埋めた副室の二つの石室が並んで見つかった。主室は盗掘で荒らされ、幅八〇センチ、長さ七・五メートル以上の木棺の痕跡がかろうじて分かる程度だったが、副室は荒らされたようすがなく、四本分の玉杖《ぎょくじょう》のほか、二一二本以上を数える鉄の槍先《やりさき》、二三六本の銅鏃《どうぞく》（やじり）、弦《げん》も含めてすべて鉄で作った鉄製弓一張りと矢羽《やばね》まで鉄で製作した矢五本など、驚くべき金属武具がぎっしり埋納されていた。斧《おの》、手鎌《てがま》、ノミ、ヤリガンナ、刀子、鋸《のこぎり》などの鉄製工具も入っていた。まさに「鉄の権力」「鉄の王権」

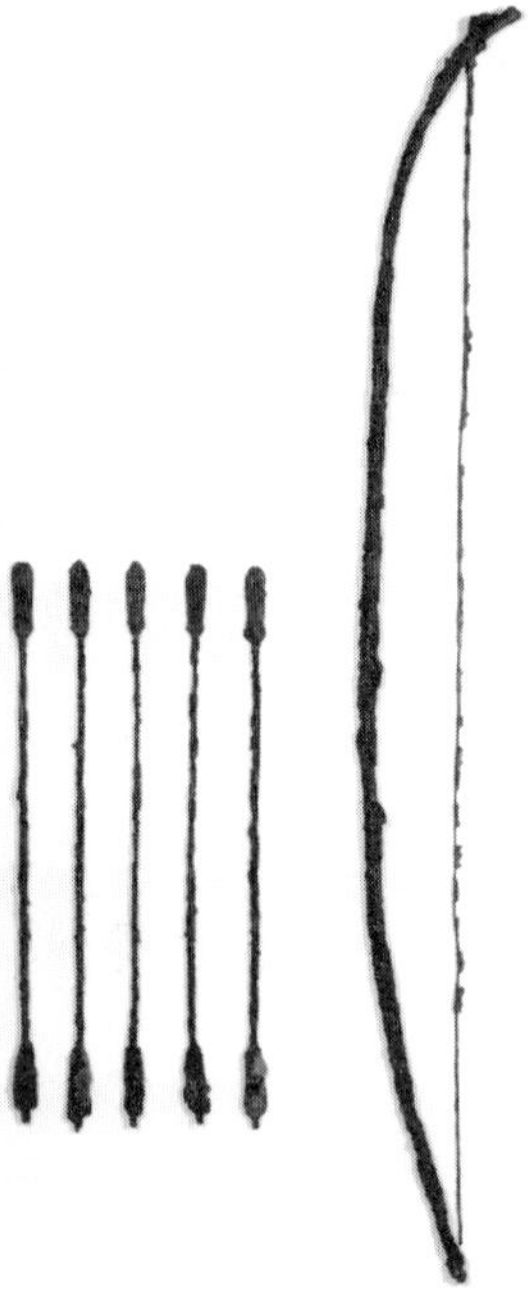

メスリ山古墳出土の鉄製弓矢
（橿原考古学研究所提供）

をうかがわせる遺物だった。

円筒埴輪と出土遺物は発掘から四十六年を経た平成十七年、一括して重要文化財の指定を受けた。

メスリ山古墳の副室の調査は、わずか五日で遺物の取り上げまですべて終了した、という信じられない事実を伝える。奈良県にも桜井市にも専門の調査技師がおらず、伊達さんはまだ中学教師で、春休みを利用して手弁当で調査に当たっていたからだ。調査成果はニュース性の高いものばかり、いまなら連日のようにトップ記事となり、大騒ぎになっていただろう。

それはともかく、二基の古墳の発掘成果は、三輪山のふもとに誕生したわが国最初の本格王権の姿の一端をいまに語りかけているはずである。

六基のうち北の四基はすべて宮内庁管理の陵墓になっており、いまのところ主体部の発掘調査が実施される見通しがないだけに、計り知れないほど貴重な発掘成果なのである。

2　三諸山《みもろのやま》――三輪山の祟り神

崇神《すじん》天皇五年、疫病《えきびょう》が流行し、死亡する人が人口の半ばを超えようとした。

六年には、百姓《ひゃくせい》が流亡し、背く者も出た。天皇は、朝早くから天神地祇《てんじんちぎ》を祭って謝罪した。

七年の春二月、神浅茅原《かむあさじはら》で占いをした。倭迹迹日百襲姫命《やまとととびももそひめ》に神が乗り移り、

「もしよく私を敬い祀《まつ》れば、必ず平穏になる」

天皇は、

「何という神か」

と尋ねた。神は答えて

「私は倭国《やまとのくに》の境域内にいる神、名を大物主神という」

と言われた。

天皇は沐浴斎戒《もくよくさいかい》し、殿内を清めて祈ったが、効きめがない。夢に貴人が現れ、大物主《おおものぬし》と名乗り、

「大田田根子《おおたたねこ》に私を祀らせれば、たちどころに平穏になる」

と告げた。

三人の臣下も同じような夢を見ていた。さっそく、布令を出し大田田根子を探した。茅淳県《ちぬのあがた》の陶邑《すえむら》で見つけ出した。

やがて疫病は消滅し、国内は平穏になった。

〈巻第五・崇神天皇〉

大物主は三輪山の神である。巻第一の神代紀には、大国主神《おおくにぬし》の別名で大己貴命《おおあなむちのみこと》、あるいは葦原醜男《あしはらのしこお》ともいうと書いている。大きな福袋を背負った「大国さん」はなじみ深いが、「ぶさいくな男」でもあったらしい。

大己貴命《おおあなむちのみこと》は少彦名命《すくなびこなのみこと》と力を合わせ国作りを進めた。

ところが、少彦名は常世郷《とこよのくに》に行ってしまい、大己貴はひとり、出雲《いずも》の国に至り、揚言《ことあげ》して、

「葦原中国は荒れて広い国だった。凶暴だった磐石《いわ》や草木をこの私が従順にした。いまこの国を作ったのは私一人。私と一緒に天下を作ることができる者はいるのだろうか」

三諸山（三輪山）。山そのものが神とされる

と言った。

　すると、海の向こうから光を放ちながら浮かび上がってきた神があった。

「私がいたからこそ、おまえはこの国を平定することができたのだ」

と言う。大己貴神は尋ねた。

「私はおまえの幸魂奇魂《さきみたまくしみたま》である」

と神は答えられた。

「いまどこに住みたいか」

と大己貴神は問うた。

「私は日本国《やまとのくに》の三諸山《みもろのやま》に住みたい」

と仰せられた。大己貴神は三諸《みもろ》に神宮を造営した。

〈巻第一・神代〉


三輪山《みわやま》をご神体とする大神《おおみわ》神社をわが国最古の神社とするのはこの説話に拠る。山そのものが神とされ、社殿のない神社（参道から石段を上った広場に面してある檜皮《ひわだ》ぶきの本殿のような建物は江戸時代に建てられた拝殿＝重文）として名高いが、この説話によると、本来は社殿があったことになる。

　大己貴神《おおあなむちのかみ》の「幸魂奇魂《さきみたまくしみたま》」が住まわれたのは「三輪山」ではなくて「みもろ（みむろ）山」だった。神のおられるところを意味する「三諸」の山は、「御諸山」「三室山」「御室山」などとも表記され、全国各地に分布するが、やはり三輪山こそ本家本元の「みもろ山」だろう。

陶邑から大田田根子

御諸山の大物主神はなぜか、崇神《すじん》王権の崇《たた》り神だった。その崇りは、陶邑《すえむら》から呼び寄せられた大田田根子《おおたたねこ》によって鎮静されるようになっている。

陶邑は、須恵器《すえき》の大生産地域だった大阪府

大神神社。最古の神社に社殿はなく、正面の建物は拝殿

堺市の和泉《いずみ》丘陵にあった。五世紀初め、朝鮮半島から渡来した技術者集団が、全国に先駆けて、高温で焼成するため在来の弥生式《やよい》土器や土師器《はじき》とは比べものにならないほど硬い須恵器の生産を開始、大王権のおひざ元で古代の窯業《ようぎょう》革命を推進したらしい。泉北ニュータウンの開発などに伴い、多数の須恵器窯《すえきがま》の遺構が発掘され、阪南古窯群《こようぐん》と呼ばれている。

三輪山に住まう神は、国作りを進めた出雲系の土着神とのイメージが強い。いわゆる国つ神の代表のようにも考えられがち。その神の祟りが、外来の技術者集団の居住地域で生まれ育った女性によって祓《はら》われる話は、ちょっと考えれば奇異に映る。

が、三輪山周辺の祭祀《さいし》遺跡からは、何らかの祭祀に用いられたとみられる甕《かめ》、壺《つぼ》などの須恵器が七十点以上も出土している。特に、本殿（拝殿）の北約百メートルにある摂社《せっしゃ》の狭井《さい》神社近くからは大甕《おおがめ》の中に入れられた状態で大量に出土している。五―六世紀のものが多いが、中には朝鮮半島からの直輸入品もある。

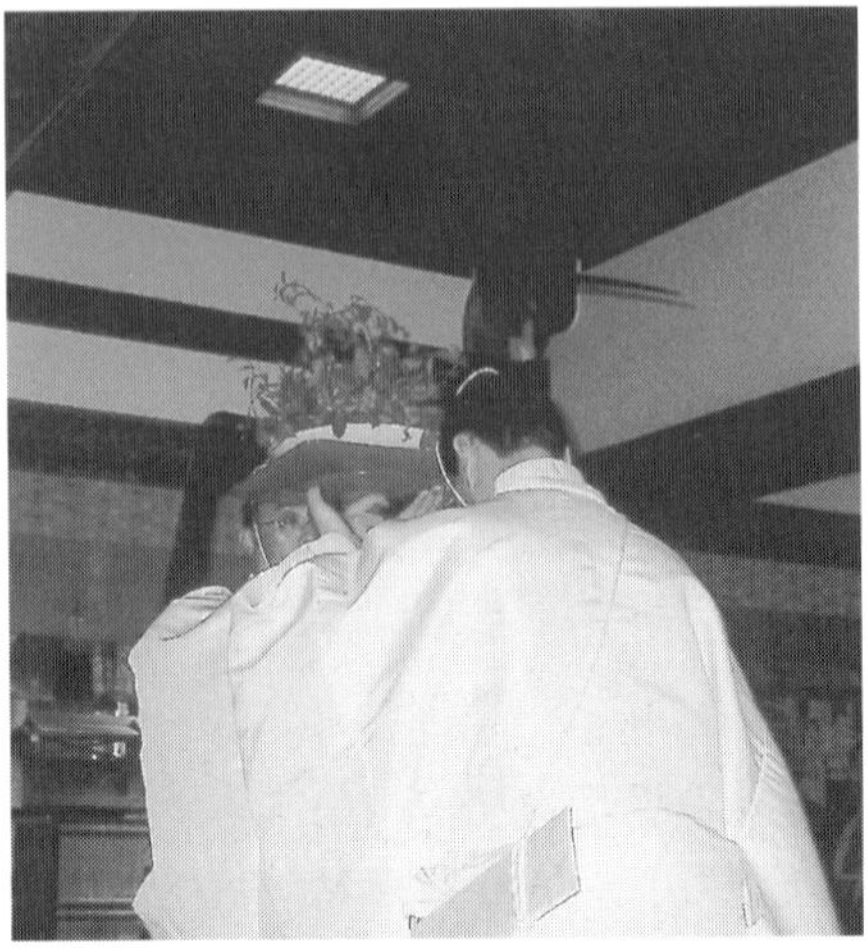

鎮花祭（くすり祭り）で献饌されるスイカズラ（忍冬）とユリ根

弓場紀知氏は、須恵器の生産にかかわる人々の祭祀が三輪山で実際に行われたことを物語る遺物とみる。

三輪山周辺の祭祀遺跡から出土する特異な子持勾玉《こもちまがたま》と阪南古窯群での須恵器生産開始との密接な関係についても考古学的に指摘されている。

大田田根子の伝承を裏打ちするような考古学的事実、三輪山祭祀と渡来の技術者集団をつなぐ物的証拠は、確実に存在するのである。

王権の祭祀

毎年四月十八日、大神神社の本殿と狭井神社の両社で鎮花祭《ちんかさい》（はなしずめのまつり）が営まれる。三輪山に自生する忍冬《にんどう》（スイカズラ）とユリ根を供えて、万民の無病息災を祈願する。春の花が飛び散る陽気な季節は、つい気が緩《ゆる》み、病気も蔓延《まんえん》しやすいからという。忍冬とユリ根は薬草。古来、「くすり祭り」とも呼ばれてきた。

いまは、近畿一円の薬業関係者が参拝し、薬業の振興も併せて祈るが、大宝律令や『延《えん》喜式《ぎしき》』にも記載がある、古くて、由緒の深い祭りだ。その起源は、崇神紀に見える疫病退散を願う祭祀だった可能性は大いにある。

興味深い事実がある。

記録によると、この鎮花祭は従来、本社での祭典よりも狭井神社での祭典の方が重要視されてきたらしい。

大神神社発行の説明書によると、大物主神の和魂《にきたま》をまつる本社に対し、狭井の社では荒《あら》魂《たま》をまつる。その荒魂こそ鎮まっていただくべき祟りの神ということのようだ。狭井神社は別名、「華鎮社」、「花鎮社」、「鎮目《しずめ》ノ神社」、「しずめの宮」などとも呼ばれてきたという。

社殿の北側から「御神水《おこうずい》」が湧き出している。万病に効くといわれ、ポリ容器を持って汲《く》みに来る参拝者も多い。

荒魂を鎮める神まつりは須恵器を用いる水のまつりだった可能性がなくはない。

崇神天皇の諡名《おくりな》は、御間城入彦五十瓊《みまきいりひこいにえ》。

上田正昭氏は、「イリヒコ」に注目。三輪山周辺地域に新たに入った「イリ」を意味するものと解釈、崇神に始まる王権を「イリ王朝」と呼んだ。そして、大田田根子によって祟りが収まったという説話は、新たに侵攻してきた大王権が土着勢力を屈服させて三輪山祭祀権を掌握したことが背景にある、とみた。

騎馬民族説の江上波夫氏は、ミマキイリヒコの「ミマキ」は朝鮮半島南端部の任那の「ミマ」（ナは土地を意味する）と城の「キ」であり、「任那《みまな》の王」を意味するとした。

崇神は、実在したとすれば三世紀末から四世紀初めの人物だったと推測される。それに対して堺市の須恵邑の始まりはいくら早くみても四世紀末とされる。この時代のずれが解釈を難しくしている訳だが、あまり理屈っぽく考えても始まらないのかも知れない。ただ、最初の大王権成立に関わる大きな謎を秘めていることだけは確かなようだ。

活日《いくひ》が神酒《みき》を天皇に献じた。そして歌った。

此の神酒は　我が神酒ならず　倭成《やまとな》す
大物主の　醸《か》みし神酒　幾久《いくひさ》　幾久

天皇も歌をよまれた。

味酒《うまさけ》　三輪の殿《との》の　朝門《あさと》にも　押し開か
ぬ　三輪の殿門《とのと》を

〈巻第五・崇神天皇〉

三輪山中には、巨石が露出した磐座《いわくら》がたくさんある。磐座は神の座すところ、また神そのものともいわれる。拝殿裏の禁足地《きんそくち》付近に集中するのは辺津磐座《へついわくら》、中腹のは中津磐座《なかついわくら》、頂上付近のは奥津磐座《おきついわくら》と呼ばれる。

磐座の農耕祭祀

大正七年、狭井神社のある谷から北東に少し入った山中にある磐座《いわくら》が開墾のために掘られた。多数の祭祀遺物が出土し、緊急発掘調査が実施された。

二メートル程もある巨石が二個並び、その周囲に一メートル程の石が数個とり囲み、下に河原石が敷き詰められていた、という。

出土遺物は小銅鏡三枚、碧玉《へきぎょく》製勾玉《まがたま》五個、水晶製勾玉一個のほか、祭祀遺物特有の滑石《かっせき》製の勾玉、子持《こもち》勾玉、臼玉《うすだま》、双孔円板《そうこうえんばん》など多数。また、高杯《たかつき》、杯《つき》、盤《ばん》、臼《うす》、杵《きね》、柄杓《ひしゃく》、匙《さじ》、箕《み》、案《あん》などを形どったミニチュアの土製品も大量に出土した。いずれも六世紀前半の遺物だった。「山の神遺跡」と名付けられた。

付近で農耕具や食器のミニチュア土製品を用いた祭祀が行われたことは確実で、「三輪の味酒《うまさけ》」伝承と結び付けて酒造に関係する祭祀遺跡ともいわれてきた。

三輪山中の磐座

実は、いまも三輪山は酒造関係者の信仰が厚く、三輪の杉玉は酒造家のシンボルでもあり続ける。

ただ、この山の神遺跡出土のミニチュア土製品は、いずれも手ごねで、厚手の素朴な作りのものばかりだった。弓場氏は「国家祭祀の片鱗《へんりん》もうかがえない。三輪山を信仰対象とした大和平野の農耕に関わる人々の祭祀の遺構だろう」とみる。

三輪山を対象に行われたとみられる祭祀遺構は、山麓から西側の平地にかけて二十数カ所発見されている。寺沢薫氏によると、開始時期は四世紀中頃までたどれ、最初、初瀬川付近まで広がっていたものが、時間の経過とともに狭まり、六世紀になるといまの拝殿付近に限定されるようになり、さらに禁足地の成立をみるに至った、という。

別編でも触れるが三輪山の神は巳《み》さん＝蛇《へび》とも伝える。蛇は竜《りゅう》に通じ、雨を降らす神、もともとは素朴な農耕の水神として信仰されてきたのではなかろうか。

同じ三輪山の祭祀でも、雨乞《あまご》いをして豊作を祈る周辺農民の祭祀もあれば、国の安泰や疫病退散などを祈った王権の祭祀もあったということのようだ。

それにしても、三輪山の神の謎は深くて、重い。

3 笠縫邑《かさぬいのむら》—元伊勢の伝承

王権に祟ったのは三諸山《みもろのやま》の大物主神《おおものぬし》ばかりでなく、むしろ倭大国魂神《やまとのおおくにたま》だった。

天照大神《あまてらすおおかみ》と倭大国魂《やまとのおおくにたま》の二はしらの神を天皇の殿舎の内にお祭りした。ところが、二はしらの神はそれぞれの威勢を遠慮されて、ともに住むことを我慢されなかった。

そこで、天照大神は、豊鍬入姫命《とよすきいりひめのみこと》を祭主として倭《やまと》の笠縫邑《かさぬいのむら》に祭ることにし、磯《し》堅城《かたき》の神籬《ひもろぎ》を建てた。

一方、大国魂神は、渟名城入姫命《ぬなきいりひめのみこと》を祭主として祭った。しかし、渟名城入姫命は髪が抜け落ち、身体が痩《や》せ細ってお祭りすることができなくなってしまった。

〈巻第五・崇神天皇〉

書紀は、疫病《えきびょう》流行などの原因を、大国魂神を天照大神といっしょに祭ったことにあるように書く。大物主神だけが祟《たた》り神だったわけではない。アタマにきたのはむしろ大国魂神だった。説話全体をざっくり解釈すれば、三輪山の神なり、地元の地主神なり、いわゆる大和の土着神が天照大神といっしょに祭られるのが不服だった、と読める。

天照大神は皇祖神である。大和の土着の神々は天照大神を祭る王権と最初は対立の関係にあった、つまり、三輪王朝などと呼ばれる王権はどこか別のところから入り込んできた王権だった、というような解釈が成り立つのかも知れない。

いずれにしても、天照大神と大国魂神を王権の宮殿内でいっしょに祭るのはやめた。天照大神はやがて伊勢神宮に祭ることになるのだが、とりあえず、大国魂と分離して祭った所が笠縫邑《かさぬいのむら》だった。

茅原の桧原社

笠縫邑はどこにあったのだろうか。書紀には、その場所を特定するような記事はない。推測のヒントとなる説明もない。

伝承地はいくつかある。

その一つが、桜井市茅原《ちはら》の丘陵地。大神神社の摂社、桧原《ひばら》神社付近。三輪山の西裾にあたり、山の辺の道に沿う。国原《くにはら》に浮かぶ大和三山やはるかかなたの二上山、葛城《かつらぎ》山など、絵に描いたような大和の風景が見渡せる高台

桧原神社。笠縫邑伝承地は、三輪山西麓の高台にある

だ。

　桧原神社は、本社と同様、社殿がない。三輪独特の三ツ鳥居が立ち、その内側は禁足《きんそく》地《ち》。いまの祭神は天照若御魂《あまてらすわかみたま》神と伊奘諾尊《いざなぎのみこと》・伊奘冊尊《いざなみのみこと》とされ、天照大神ではない。

　眼下には、三輪山の神とのロマンスを伝える倭迹迹日百襲姫《やまとととびももそひめ》を葬ったとされる箸墓《はしはか》古墳（箸中山古墳）が横たわる。最古の巨大前方後円墳として考古学的にも注目される。その手前には、やはり「最古の古墳」調査として大いに注目を集めたホケノ山古墳。

　少し左に目を転じれば、ＪＲ桜井線の手前に茅原の集落と茅原大墓古墳。祟り神をおそれた崇神天皇は、原因を知りたくて倭迹迹日百襲姫に神浅茅原《かむあさじはら》で占いをさせたと伝えるが、茅原の地はその「神浅茅原」と考えるのにぴったりの雰囲気をもつ。

　占いでは、倭迹迹日百襲姫に神懸かりした大物主《おおものぬし》が「われは倭国の域内にいる神」と伝えた。これを聞いた天皇は、初めて三輪山の神の祟りを知る。

　付近一帯は、恐ろしいばかりに古代の神の伝承に包まれた場所なのである。

白砂の笠縫神社

　笠縫邑の伝承地は西約五キロにもある。磯城郡田原本《たわらもと》町秦ノ庄《はたのしょう》の近鉄橿原線の笠縫《かさぬい》駅付近。駅から歩いてすぐの秦楽寺《じんらくじ》境内に笠縫神社がある。

　秦楽寺は、秦河勝《はたのかわかつ》が聖徳太子から賜った観音像をまつるために大化三年（六四七）に建立したと伝える。大和の秦氏族ゆかりの古刹で、本来は二キロ四方以上にも及ぶ大寺だったという。

仮に「笠縫邑」がこの付近だったとしても、秦楽寺とは時代が大きくかけ離れ、直接の関係は考えられない。ただ、大和平野のまん中、ま東に美しい三輪山が望める地、初瀬川とともに「王権の平野」を潤した寺川のたもとに位置する。

秦楽寺境内にある笠縫神社（田原本町秦ノ庄）

その寺川は、いまでこそ南から北方向へまっすぐ流れるが、どうやらこれは七世紀ごろの条里制と下ツ道造営時に付け替え改修されたもので、それより以前は、笠縫駅付近を流れ、秦楽寺境内推定地を取り巻くように北西方向に流れていたらしい。付近の発掘調査で河川跡が検出されているし、いまも、広くはないが水量の豊かな川や細長い池が残る。

もし、天照大神の祭祀を水や河川と関連づけて考えるなら、後の秦楽寺付近の川辺が笠縫邑だった可能性はなきにしもあらず、と考えたくなる。

秦楽寺にある笠縫神社のホコラはごく小さい。境内のやや高まったところにある。ホコラの周囲の白砂のきめ細かさ、白さ、美しさが印象的だ。付近はこんな白砂が広がる砂州のようなところではなかっただろうか、とつい想像する。

反対側、三輪山の背後の大和高原にも笠縫邑の伝承地がある。桜井市小夫《おうぶ》の天神社付近。初瀬川を源流近くまで逆上った谷あいにあたる。さらに進んで谷を登り切ると大和高原の都祁《つげ》の里に出る。

天神社はいま、天児屋根命《あめのこやねのみこと》、菅原道真《すがわらみちざね》とともに天照大神を祭神とする。また、背後の山を斎宮山と呼んでいる。

天神社から東北へ、谷を二キロほど上ったところには「化粧川」（毛粧壷）の伝承地がある。地元では、天武《てんむ》天皇の娘で大津皇子の同母姉にあたる大来《おおく》皇女が伊勢神宮の斎宮《いわいのみや》として赴任する前、御祓を行った「泊瀬斎宮《はつせのいつきのみや》」の跡と伝承する。

東国計略の伊勢

笠縫邑は、最初に天照大神を祭ったところという意味で「元伊勢」とも呼ばれる。天照大神《あまてらすおおかみ》が伊勢国（三重県）の伊勢神宮に祭られるようになったのはいつの頃か、古代史の大きな謎の一つ。古代国家の成り立ちを考える上の重大事でもある。

『書紀』は、そのいきさつを次のように記す。

> 天照大神《あまてらすおおかみ》を豊耜入姫命《とよすきいりひめのみこと》から離して倭姫《やまとひめの》命《みこと》が奉仕するようになった。倭姫命は、

天照大神を鎮め祭るところを求めて、菟《う》田《だ》の筱幡《ささはた》へ行った。さらに、近江国《おうみ》（滋賀県）を廻って伊勢国に至った。

天照大神は

「神風の伊勢の国は常世《とこよ》の浪が繰り返し打ち寄せる国。傍国《かたくに》の美しい国。この国におりたいと思う」

とすっかり気に入られた。

そこで、祠《ほこら》をお建てになった。斎宮《いわいのみや》を五十鈴《いすず》川のほとりに建て、磯宮《いそのみや》とした。

〈巻第六・垂仁天皇〉

史実なら三～四世紀のことなのだが、戦後の研究者はこれをまっ向から否定して、国家による伊勢神宮の祭祀は律令《りつりょう》体制が整備された天武天皇の頃（七世紀後半）から始まった、との見方を強めた。最近は、五世紀の雄略《ゆうりゃく》天皇の頃までさかのぼって考える研究者も増えたが、「三百年の開き」はまだ埋まっていない。

ただ、伊勢神宮の祭祀の開始は、三輪にしろ、飛鳥にしろ、王権の宮都が大和に置かれていた時だったことだけは間違いないところ。垂仁紀でも、伊勢神宮の地を「大和のわきにある美しい国」と書いている。

伊勢の地に伊勢神宮が祭られたことについて、王権の地、大和との関係を抜きにしては考えられないのだ。

千田稔氏は、著書『伊勢神宮—東アジアのアマテラス』（中公新書）で、伊勢神宮の地が大和の東にあることに注目、垂仁紀にみえる「常世の浪」の「常世」は中国の土着の宗教である道教の仙人が住む神仙境のこと、と指摘する。神仙境は東の海のかなたにあるという伝えに着目し、東の海から絶え間なく波が打ち寄せる、大和の東にある伊勢の地の地理的条件に注目するのである。

伊勢の地が東国計略のための航路の要地だったことに着目する考え方は、直木孝次郎氏や岡田耕司氏によって提示されてきた。伊勢の地の東は「東海」。海を渡れば、関東や信濃《しなの》や甲斐《かい》へも通じる。

志摩《しま》半島の鳥羽《とば》港から渥美《あつみ》半島の伊良湖岬まで直線距離で二十キロ足らず。三島由紀夫の『潮騒』の舞台として有名な神島《かみ》や登志《とし》島などを眺めながらフェリーが通う。渡航時間は約五十五分。近鉄特急も新幹線も無い時代、大和から東国へ出る場合、この航路は、熱田《あつた》（名古屋市）経由で伊勢湾をぐるりと回るよりよほど便利だったに違いない。

伊勢湾フェリー。鳥羽―伊良湖半島を 55 分で結ぶ（伊勢湾フェリーの時刻表より）

伊勢へ通じる「伊勢道」「伊勢街道」は、

たくさんあった。京・大坂、奈良からのお伊勢参りは、伊賀越、青山越、美杉越、高見越などのコースをとって伊勢神宮へ向かった。

大和川本流の初瀬川が深く入り込む初瀬（泊瀬）谷は細長い谷で、まさに「長谷」。国道165号の西峠は、古代の墨坂《すみさか》。ここから名張を経て青山高原を越えて雲出川《くもずがわ》沿いに下るにしても、曽爾《そに》、御杖《みつえ》、美杉《みすぎ》を経て飯南《いいなん》郡の櫛田《くしだ》川上流に出るにしても、さほど険しい道ではない。

初期ヤマト王権が、瀬戸内海を仲立ちにした畿内や吉備や北九州の勢力によって形成されたことは今や疑えない。瀬戸内海で結ばれた王権だった。そのヤマト王権は、東国との結び付きを深めるのに伊勢湾を活用したことをもっと注目すべきだと思う。

雲出川など伊勢平野に入り込む河川の水運と伊勢湾を利用すれば、三河《みかわ》（愛知県）や遠江《とおとうみ》（静岡県）、駿河《するが》（同）なども、尾張《おわり》（愛知県）や美濃《みの》（岐阜県）と比べて遠くない。かえって近い土地だったのかも知れない。いま新幹線や高速道を利用して行く場合とはむしろ逆の距離関係になる。

東海地方のかなたには、「常世」ならぬ信濃（長野県）や甲斐（山梨県）などの中部山岳地域、さらに関東平野があった。

伊勢に通じる初瀬谷の入口に位置したのが磯城であり、三輪なのである。古代王権の本拠地は、伊勢と東海、東国など、「東」に目を向ける絶好の地にあったのである。

4 大市《おおいち》―箸墓伝説の正体

三輪山の神と倭迹迹日百襲姫《やまとととびももそひめ》とのロマンスはあまりにも名高い。

倭迹迹日百襲姫《やまとととびももそひめ》は大物主神《おおものぬしかみ》の妻となった。神は、昼現れず、夜だけやってきた。姫は

「一度、美しいお姿をお見せ下さい」

と頼んだ。神は

「分かりました。あすの朝、あなたの櫛《くし》笥《げ》に入っていましょう。決して驚かないように」

と答えた。

翌朝、姫が櫛笥を開けると、美しい、小さな紐《ひも》のような蛇《へび》がいた。

姫は驚いて叫んだ。蛇は人の形になり、

「あなたは我慢できずに声を上げ、私に恥をかかせてしまった。報復としてあなたに恥辱を加えるだろう」

と、御諸山《みむろやま》に帰っていった。

姫は後悔した。急に座ったところ、箸が陰部に突き刺さり、命を落としてしまった。

大市《おおいち》に葬った。その墓を名付けて箸墓《はしはか》といった。昼は人が作り、夜は神が作った。大坂山の石を運んだ。人々は一列に並び、手から手へ渡して運んだ。人々は次のような歌を詠んだ。

大坂に　継ぎ登れる　石群を
手逓伝《たごし》　越さば　越しがてむかも
〈巻第四・崇神天皇〉

箸墓は、三輪山にいだかれるように横たわる巨大な前方後円墳である。全長二八〇メートルを超える。全国十一位の大きさ。桜井市箸中にあり、遺跡名として「箸中山古墳《はしなかやま》」と呼ばれることもある。倭迹迹日百襲姫の「大市墓」として宮内庁が管理、立ち入りは許されない。

最初の巨大古墳

「磯城《しき》」編ですでに書いたように、三輪山を取り巻くように存在する六基の巨大前方後円墳の中でも最も早く造られた古墳である。日本列島の中で最初に出現した巨大古墳なのである。

古墳はいつごろ、どこで造り始められたのか、ずっと論争が続いている。どのような墓をして古墳と呼ぶべきかさえ、造られた時期の問題だけでなく、規模のこと、副葬品のこともあってなかなか決着をみない。「古墳時

箸墓古墳（桜井市教育委員会提供）

代の古墳ではない。弥生時代の古墳だ」など、分かりづらい説明もしょっちゅうだ。

だが、そうした論争も所詮は、「箸墓が築造される以前の墓に古墳と呼べるものがあるかどうか、古墳時代と呼べる社会構造の成熟が考えられるか」という学問上の問題といえる。本格的な古墳の始まり、巨大古墳の始まりが箸墓であることに異論を差しはさむ研究者はいない。

箸墓古墳に先だって築造されたとされる古墳が全国から発見されるようになった。

箸墓古墳の周辺にも集中する。西北方、纒《まき》向《むく》遺跡内にある石塚、矢塚、勝山、東田大塚の四古墳や、東方にあって平成十二年の発掘調査が話題をよんだホケノ山古墳などが、箸墓に先行する古墳とされる。弥生時代から古墳時代に移り変わる時期の古墳として注目を集める。

これらの古墳は果たして古墳なのか――。まるで禅問答のようだが、「弥生時代の墳墓であって古墳ではない」という見方と、「古墳時代の開始を告げる古墳」という考え方が対立、激しい論争が繰り広げられてきた。

寺沢薫氏は「纒向型前方後円墳」と呼ぶ。箸墓古墳などに比べると前方部が未発達でホタテ貝式のように短く、高さも低いのが特徴。全長は最大一〇〇メートル前後。纒向遺跡から始まり、全国に広まった。南は鹿児島県から北は福島県まで分布する。

古墳時代開始のモニュメントとみる。邪《や》馬《ま》台《たいこく》国時代の王墓であり、ヤマト王権の前方後円墳の誕生とみる。

ただ、これらの古墳の多くは、長さ九〇—一〇〇メートルぐらい。箸墓古墳の約三分の一の規模だ。面積では九分の一、体積では二十七分の一ということになる。箸墓の築造は、一人の人間の墓の築造にそれまでの三十倍もの労力を投じるようになったということだ。「三十倍の権力の登場」と考えれば、時代の画期を考えないわけにはいかない。

三輪山を取り巻く六基の巨大古墳が、わが国最初の本格王権がこの地域に出現したことを物語るとすれば、箸墓古墳は日本最初の大王の墓ということになる。時代の大画期となった「大王出現」のモニュメントといえるわけだ。

それはいつごろのことだったのか、箸墓古墳の築造時期に関する論争もまだ決着していない。従来は四世紀初頭説が強かったが、段々早まる傾向にあり、いまでは三世紀後半との見方が最有力にみえる。

平成二十一年五月には、国立歴史民俗博物館の研究グループが「放射性炭素年代測定法」による科学分析の結果、「西暦二四〇〜二六〇年築造」との研究成果を発表した。箸墓古墳出土の「布留0式」と呼ばれる土器に付着していた炭化物の分析結果だが、二四八年前後とみられている卑弥呼の死亡年代と合致することもあって、大きな注目を浴びた。

石材の産地に詳しい奥田尚氏（橿原考古学研究所研究員）は、墳丘の周辺に散らばっていた板状の石片を鑑定し、大阪府柏原市の大和川左岸にある芝山《しばやま》の頂上部付近の玄武岩《げんぶがん》であることを突き止めた。

古代の「大坂」の場所は諸説あるが、大和と河内《かわち》の国境付近、大和盆地から大阪平野へ越える府県境のどこかであったことは間違いない。「大坂山の石を運んだ」という「箸墓伝説」と考古学的事実は符合するのである。

ただし、人々が一列に並んで手から手へと「手遞伝《たごし》」にして運んだ、というのは少しばかり脚色っぽい。一〇キロ以上、大和平野を横断して人々が列をなす図は壮大ではあるが、果たして本当だったろうか。

それより、大和川の水運に注目したい。芝山は、大和川が大阪平野へ流れ出る直前に彎《わん》曲《きょく》するところに位置する一方、箸墓と大和川本流（初瀬川）とは一キロ余りしか離れてい

大和川の本流・初瀬川。後方に三輪山と箸墓が見える

ない。「手逓伝《たごし》」とは、船への積み降ろしや、船着き場から古墳築造現場まで運ぶのに手渡しが行われたことが伝説になったのではなかろうか。

　芝山の玄武岩は、天理市の大和《おおやまと》古墳群内の波多子塚《はたごづか》古墳や下池山《しもいけやま》古墳、橿原市の弁天塚《べんてんづか》古墳などの前期古墳でも用いられたことが分かっている。いずれも大和川の水運を使えばわりと容易に運べるところに位置する。

「始祖王墓」か「女の墓」か

　箸墓ははたして誰の墓だろうか。「箸墓伝説」では倭迹迹日百襲姫《やまとととびももそひめ》を葬るために造った、と書いているのだが、あくまで伝説であって、そのまま信じるわけにはいかない。

　いずれにしても、列島の中で最初に築造された巨大古墳であること、三輪山麓に登場した大王権の最初の大王の墓であるという考古学的事実は動かし難い。記紀の文献記録と突き合わせると、ヤマト王権につながる三輪王権の最初の王の墓とみるべきだろう。

　大海人《おおあま》皇子が政権奪取を果たした壬申《じんしん》の乱（六七二年）のことを書いた『書紀』の天武《てんむ》紀には、馬や兵器を奉って戦勝を祈願した神《じん》武陵《むりょう》とともに「箸陵《はしりょう》」のことが登場する。この「箸陵」は上道《かみつみち》の近くにあるように書かれ、箸墓古墳のことであることは間違いない。森浩一氏は、神武陵と並ぶ「始祖王墓」の性格を読み取る。

　三輪王権の最初の王とすれば、すんなり崇《す》神《じん》天皇と考えればいいのだが、「箸墓伝説」が箸墓を「女の墓」とイメージ付けてきた。

「女の墓」なら、倭迹迹日百襲姫に限らず、神に奉仕したシャーマンを葬った可能性が考えられる。卑弥呼《ひみこ》もシャーマン的要素の強い女王だった。宗女《しゅうじょ》の台与《とよ》も有力な被葬者候補だ。

ただ、「箸で陰部を突いて死んだ巫女《みこ》を葬ったから箸墓」という名称の由来伝説はどこまでさかのぼれる伝説なのか、定かでない。そもそも箸墓の「箸」は、古墳の築造や埴輪《はにわ》づくりに活躍した土師部《はじべ》集団の「土師《はじ》」のことではないかともいわれる。土師部集団は出雲《いずも》との関わりが深かったように伝えるが、箸墓の周辺は中世の出雲庄《いずものしょう》でもあった。

土師の墓＝ハシ墓の呼び名が先にあって「ハシ＝箸」にまつわる物語が作られた、とも推理できるのである。

「ハシハカ」と呼ばれてきた巨大古墳を目のあたりにして「箸墓伝説」が作られた。物語が古墳の呼び名のもとになったのではなく、古墳の呼び名が物語のもとになった、と。

いま一つ、「箸墓伝説」では、箸墓は「大市」というところに造られた。

いま、「大市」という地名はない。が、纒向遺跡からは、時代はかなり下がり奈良時代から平安初期のものと見られるが、「□市」と書かれた墨書土器の破片が見つかっている。奈良時代、「箸墓伝説」が記録された頃、付近に「大市」という地名が存在していたと考えていいだろう。

「大市」が、その字義通り、「大きな市」、つまり「大きな町」を意味する地名であれば、纏向遺跡の性格や歴史的位置付けを考える上で大きな意味をもつが、このあたりのことは別の編に譲りたい。

オイチは「ヤマトのクロネコ」か

笹谷良造という民俗学研究家がかなり昔に朝日新聞奈良版に連載した「大和の方言」に、「オイチ」について書かれている。

それによると、大和ではネコを「オイチ」とか「タマ」と呼んだらしい。「タマ」は霊界に関係する語、「イチ」は「ミコ（巫女）」の古語だという。「昔から老猫は気味の悪いものと考えられていた」と解説している。

もし「オイチ」が巫女《みこ》のことだったとすれば、そしてそれが記紀の書かれた頃までもさかのぼるような古い大和のことばだったとすれば、箸墓が「オイチ＝大市」というところにあったので、造営にまつわる物語として巫女のロマンスを創作した可能性が考えられなくはない。三輪山のふもとのオイチにある「オイチ墓」に眠る主を、三輪山の神と契《ちぎ》ったオイチ＝巫女と考えたのである。

そういえば、樹木がうっそうと繁った箸墓は、ネコが背をまるめてうずくまる姿にどこか似ている。

この推理が正しかったとしても、箸墓古墳が「巫女《みこ》（シャーマン）の墓」であることを否定するわけではない。むしろ、卑弥呼なり台与《とよ》なりを葬った墓だったからこそ、「土師の墓」の呼び名のほかに、土地のことばで「オイチ墓」と呼びならわしていたということも考えられる。

やがてオイチは付近の地名にもなり、記紀編さん時に記録された「箸墓伝説」では「大市に造った」ということになったということだろうか。

その場合は、「巫女の墓」「女の墓」の事実を語り継いだことになるが、「大市」は「大きな市」とは関係ないことになる。

時代を越えて、ロマンスとはややこしいものである。

三輪山にいだかれる箸墓。確かにネコが背をまるめてうずくまる姿にも似る

5 纒向《まきむく》——最初の宮都

第十一代・垂仁《すいにん》天皇の宮は「纒向珠城宮《まきむくたまきのみや》」、第十二代・景行《けいこう》天皇の宮は「纒向日代宮《まきむくひしろのみや》」。どちらも纒向の地に営まれた、と『日本書紀』は記す。

纒向の地は、三輪山の北方から北西方向に広がる巻向川《まきむくがわ》の扇状地。二つの宮跡の伝承地は、桜井市穴師《あなし》の山の辺の道沿いにある。伝承地といっても、遺跡はもちろん、それらしき地形を残すわけではなく、石碑だけが道端にひっそりと立つ。

ＪＲ桜井線の巻向駅付近一帯に広がる纒向遺跡が、最近、大変な注目を集めている。三世紀から四世紀にかけて栄えた王都の遺跡、三輪山周辺に次々と巨大古墳を造営した列島最初の本格王権の都の跡かも知れないとの見方が強まっているからだ。

ひょっとすると珠城宮《たまきのみや》や日代宮《ひしろのみや》の宮殿遺跡があった、邪馬台国の女王・卑弥呼がいた、などとの推理やロマンは広まるばかりだ。

全国各地の土器

纒向遺跡は直径約一・五キロほどに広がる。桜井市の辻《つじ》、巻野内《まきのうち》、箸中《はしなか》、太田《おおた》、草川《くさかわ》、大豆越《まめごし》、東田《ひがいだ》地区にまたがる大集落遺跡で、箸墓《はしはか》古墳も遺跡内にある。

巻向駅西方で早くから土器や石器の出土が報告され、太田遺跡と呼ばれていた。昭和四十六年から行われた県営住宅と小学校建設に伴う五年がかりの調査で多くの遺跡や遺物が出土、広範囲に広がることが分かり、旧村名にちなんで纒向遺跡と呼び名が改められた。

以後、橿原考古学研究所と桜井市教委によって調査が続行され、調査地は、平成二十年度までに百六十二次に及ぶ。

掘り出された遺構は、多数の穴、溝跡、河川の跡、建物跡など。穴は、土器や木製品が詰まったものが多く、祭祀《さいし》に用いた用具を一括して投棄したものと考えられている。幅五メートル、深さ一・二メートル、まっすぐ延びて人字《ひとじ》形に合流する二条の大溝の遺構も掘り出された。ヒノキの矢板《やいた》で護岸工事が施されたていねいな造り。矢板の数は一万枚を超える。

矢板で護岸した大溝遺跡（昭和 46 年、後方は三輪山と箸墓古墳）
橿原考古学研究所提供

遺跡の東寄り、「巻の内家ツラ地区」と呼ばれるところからは、木桶《もくひ》の取り付く奇妙な木製の水槽《すいそう》遺構が出土した。発掘担当者らは大がかりの水の祭儀のための導水施設ではないか、と注目した。

南寄りの「太田南飛塚《とびつか》地区」からは、横倒しの建物遺構が出土して、大きな話題になった。直径二〜三センチ、長さ約三メートルの細木（ヒノキ材）を整然と組み合わせたものがそっくり現れた。建物の妻側に簾《すだれ》のように懸《か》けて用いられた簾《すだれ》壁と推測された。何らかの祭儀の際に臨時的に用いられたのでは、との見方が強いが、確定しているわけではない。長さ六メートル、断面三角形の棟木《むなき》材も見つかった。

出土土器が注目される。奈良県教委が実施した昭和四十六年の調査を担当し、纒向遺跡の重要性を最初に指摘した石野博信氏や関川尚功氏、寺沢薫氏らによって「纒向式」の土器編年が行われている。弥生時代から古墳時代に移り変わる微妙な時代の微妙な時間差を知るための基準資料になっているのである。

「纒向式」土器には1〜4式があって、纒向1式は、弥生時代最終末と重なる。2、3式は弥生式土器から古墳時代の土師器《はじき》への移行期の「庄内式《しょうないしき》」と同時期にあたる。4式は古墳時代の「布留式《ふるしき》」の初期段階と重なる。

要するに、同遺跡は、出土土器からみると弥生時代の最終末の頃に突如として出現し、箸墓《はしはか》古墳をはじめとする三輪山周辺地域の巨大古墳が次々と造営され始めて古墳時代に突入した頃に最も栄えていた集落の跡ということになる。

石野氏は、昭和五十一年に刊行された報告書『纏向』で、「纏向遺跡の人々は、箸墓古墳や崇神《すじん》・景行《けいこう》陵を築造させたか、させられたか、傍観していたのか、のいずれかである」と書いた。

つまり、列島最初の本格王権が誕生した時代に、その王権誕生のモニュメントとしていまに伝わる巨大古墳を目《ま》のあたりにする場所で生活した人々が残した遺跡なのである。

石野氏をはじめ多くの研究者が、纏向に「都市の成立」をみる。

第一に、出土する土器のおよそ一五％が、南関東から山陽、瀬戸内地方まで全国各地の地域色を見せる「外来系土器」だった。交易で運び込まれたのか、それとも人々の移動によって持ち込まれたのか。いずれにしても、広い地域との交流、つながりが存在したことをうかがわせる。

まっすぐに掘られた大溝はマチを貫く運河と考えられる。物資の積み降ろしでにぎわっていた光景を思い浮かべることができる。遺跡が突如として出現するのは、一気に建設された都市ゆえではないか。一般的な竪穴《たてあな》住居跡が見つからないのは、役所や商店、倉庫などの建物が建ち並んでいたためではないだろうか—などと、確認された遺構や遺物は「普通のムラ」ではなかった根拠として解釈されている。

「大市編」でも触れたが、「□市」の墨書土器はずっと後の七世紀の遺物だが、都市・纒向の名残の地名がその時代まで続いていた、と解釈する。

王権誕生の地で、巨大前方後円墳の造成と軌を一にして登場した「都市」。それは、三輪王権なり、初期ヤマト王権の都宮のあった都市――との解釈につながる。纒向遺跡は日本最初の宮都の遺跡ということになる。

纒向型前方後円墳

纒向遺跡内には古墳や墳墓もたくさんある。

最初の巨大古墳である箸墓古墳もその一つ。東田地区にある石塚《いしつか》、矢塚《やつか》、勝山《かつやま》、東田《ひがいだ》大塚の四基と箸墓東方のホケノ山古墳は、箸墓古墳よりさらに古い発生期《はっせいき》の古墳として注目を集める。

うち石塚からは、昭和四十六年の纒向小学校改築に伴う一部の調査で、周濠跡からトサカを赤く塗ったニワトリ形木製品と組帯文《くみおびもん》を施した「弧文円板《こもんえんばん》」が出土している。いずれも古墳祭祀に用いられた木製祭具と考えられた。「弧文円板」の組帯文は、岡山県倉敷市にある弥生墳丘墓、楯築《たてつき》遺跡にある石の文様と酷似していて吉備《きび》文化とのつながりを考える上で注目された。

平成元年に墳形を確認するための調査が行われた。全長約九二メートル、後円部の直径と前方部の長さが二対一の前方後円形と確認された。前方部はバチ形に開き、周濠が全体を取り囲むことも分かった。

ホケノ山古墳は、平成七年と同十一、二年

に発掘調査され、全長八〇メートル、周濠があり、「石囲い木槨」の主体部をもち、三世紀前半から中葉にかけて築造されたことが分かった。平成十一、二年の調査は、邪馬台国論争とのからみで全国的な注視を浴びて調査が進められた。

「石囲い木槨」の埋葬施設は、四国の徳島県、香川県、さらに韓国・釜山《ぷさん》の福泉洞《ぼくちょんどん》墳墓群に例があるようだが、大和では先例がなく、以後に継続することもない特異な構造だった。画文帯神獣鏡《がもんたいしんじゅうきょう》一面、内行花文鏡《ないこうかもんきょう》の破片のほか鉄製剣約十口、銅鏡六十本以上、鉄鏃《てつぞく》六十本以上など副葬品も豊富だった。

何より注目されたのは、その築造時期の古さだった。三世紀前半は、普通は弥生時代とされる。ところが、ホケノ山は、その形状や副葬品から古墳と呼ばざるを得ない墳墓だったのである。連日、「最古の前方後円墳」という活字が踊った。

橿原考古学研究所の寺沢薫氏は、これら纒向遺跡にある箸墓に先行する古墳を「纒向型前方後円墳」と呼ぶ。前方部が短いいわゆるホタテ貝式の形状をもつのが特徴。石塚、矢塚、ホケノ山は後円部の直径対前方部の長さがほぼ一対二に設計されている。

築造時期は「庄内式」土器の時代。三世紀初頭から、箸墓古墳が築造される三世紀後期中葉頃までの間に次々と造営された、とみる。東は福島県の会津《あいづ》地方から鹿児島県まで広範囲に分布、それらは、纒向の諸古墳の二分の一、三分の一の規格で築造されたものが多い、という。

「纏向」を震源として全国に広まった纏向型前方後円墳体制があった――。つまり、「纏向」を核＝王権とする政治体制の存在を示すモニュメント、とみるわけである。

卑弥呼の居た所

従来は、前方後円墳の「定型化《ていけいか》」は箸墓古墳に始まるとされ、それが大王権確立のシンボルであり、古墳時代の開始を告げる記念物でもあるとされてきた。

ところが、寺沢氏は、古墳の「定型化」、つまり古墳の開始を百年近くさか上らせ、三世紀初頭とみなした。そして、その契機を「卑弥呼の共立」という倭国の新しい政治体制の誕生、と考えた。

寺沢氏によると、三世紀初頭ごろ、九州、瀬戸内、出雲《いずも》や近畿の「クニグニ」の勢力が合意のもとに卑弥呼を倭国の女王として共立して混乱を収拾、纏向を女王の住む王都として新しい大連合の政治体制をつくった、というのである。

以後、対立してきた東国の狗奴国《くな》（初期の前方後方墳地域）にも次第に影響力や支配力を及ぼすようになり、巨大古墳による「前方後円墳体制」を確立する。その結果として王都の地に纏向型前方後円墳の三倍の規模の箸墓古墳が造営されることになった、と説く。

寺沢氏は「前方後円」という形は、中国の天を円、地を方とする「天円地方」の思想や道教の考え方などを取り入れて生まれたものと考える。葬儀を前に後円部頂上で何らかの秘儀を終えた新首長がスロープを経て前方部に登場、参列者に相続を認めさせるというような首長権継承儀礼の舞台装置として考案された形だったとも考える。

卑弥呼は纒向に居た。邪馬台国はヤマトであり、纒向は女王の居所がある王都だった—と寺沢氏は考える。新生倭国の王都は「ヤマト王権」の都だった、と考える。

ただ、卑弥呼はあくまで西日本のほぼ全域を占める連合政権、新生倭国《わこく》の女王であり、邪馬台国の女王ではなかった、と考える。連合政権の権力母胎は邪馬台国でも近畿の勢力でもなく、むしろ吉備地方の勢力

纒向遺跡。地下に眠るのは邪馬台国の夢か、ヤマト王権最初の宮都か（桜井市教育委員会提供）

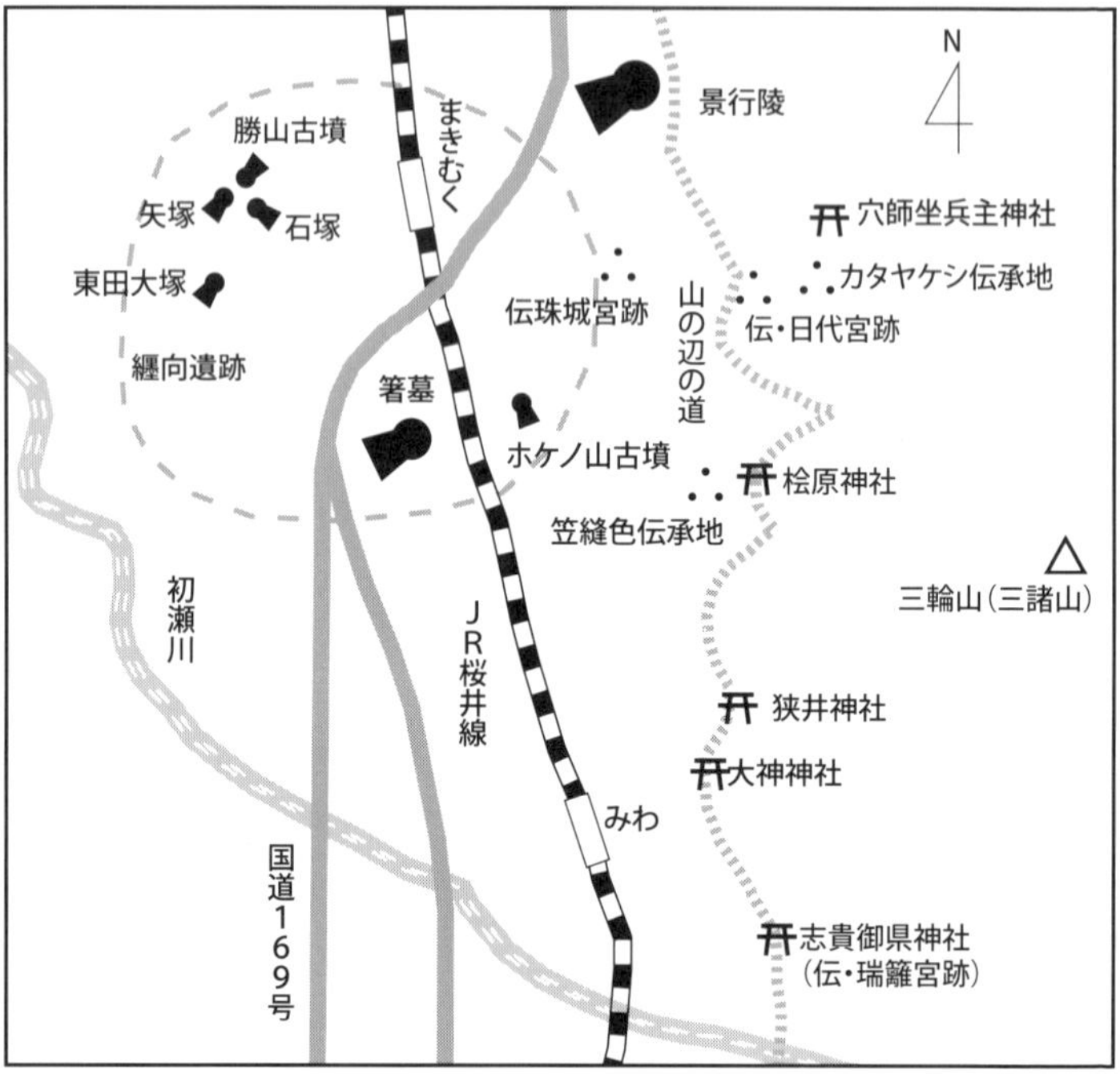

がイニシアチブをとっていた、と強調する。

前方後円墳の定型化や古墳時代の開始などで寺沢氏と見解を異にする研究者であっても、邪馬台国畿内説を採る場合は、たいがい纒向遺跡を「女王の都する所」と考えるようになってきた。そして、箸墓古墳に始まる三輪山周辺の巨大古墳を生み出した大王権＝初期ヤマト王権の都に継続していく、との考えが強まっている。

わが国最初の宮都。纒向は至って大層なところなのだ。

ただ、建物遺構の出土は極めて少なく、宮殿や役所や権力者の居館はまだその実態が分かっていない。一般庶民の住んだ住宅の跡さえ確認できない状態が長く続いてきた。

こうしたことから、単なる墳墓造営のためのキャンプ地という説も出たりしていたが、平成二十一年の調査で、柵《さく》列に囲まれ、柱筋を揃えて整然と立ち並ぶ建物群の存在が確認された。しかも遺跡中央部。宮殿遺構かも知れない——。期待は一気に高まった。今後の調査の進展が大いに注目される。

ワン・ポイント

纒向都市論は本当か

纒向《まきむく》は王都、わが国最初の都市だった、との考え方が強まっている。

寺沢薫氏は『日本の歴史02　王権誕生』（講談社）で、纒向遺跡を「日本最古の都市」、それも「政治的な都市」と考える理由として次のような点をあげている。

①唐古《からこ》・鍵《かぎ》遺跡（田原本町）など拠点的な弥生時代の環濠《かんごう》集落が消滅したり衰退するのと歩調をあわすように劇的に、突如として出現した。

②遺跡は広大で、ムラというよりマチというにふさわしい。一キロ四方から一・五キロ四方に及び、唐古・鍵遺跡の六倍、藤原宮や平城宮の広さに匹敵する。

③両岸をヒノキの矢板で護岸した巨大な運河跡などは、大規模な土木工事が行われたことをうかがわせる。運河には引き舟を浮かせ、物資運搬に用いられたとみられる。

④出土土器のうちヤマト以外で作られた外来土器は平均一五パーセント。搬

出元は南九州から南関東に及ぶ。これほど広域の土器が出土する三世紀の遺跡はめったになく、社会経済上の物流を超えた政治的な理由がうかがえる。生活用品や貢物や税を運んできた容器ばかりでなく、各地から〝上京〟してきて定着した人たちが纒向付近で焼いたものも含まれていると考えられる。

⑤王権祭祀《さいし》の原型とみられる火と水を使ったマツリや導水施設を用いた祭祀が行われていた。箸墓《はしはか》古墳などの古墳ではキビ（吉備地方）の特殊器台《とくしゅきだい》や壺《つぼ》を用いた首長権継承儀礼が行われていた。

⑥フイゴの羽口《はぐち》や鉄滓《てっさい》など鋳造関連製品が出土、遅くとも三世紀末に遺跡内で高温鍛冶炉《かじ》を用いた高度な金属器生産が行われていた。

纒向周辺が『和名抄《わみょうしょう》』にいう「於保以知郷」にあたること、崇神《すじん》紀で倭《やまと》迹迹日百襲媛《ととびももそひめ》の箸墓を造営したと記す「大市」は「大きな市場」を意味する可能性があること、纒向遺跡の平安時代の川跡から出土した「□市」と書かれた墨書木簡は「大市」であり、付近の性格を示していると考えられる――などの史料的な点も加味して「纒向都市論」を展開、「ヤマト王権の最初の都宮が所在した地」と推定する。

つまり、人口が集中し、全国各地から物資が流入し、権力による祭祀が行われ、交易や工芸も盛んな、にぎわいを呈するマチを想起するのである。

そして、纒向遺跡を、「纒向珠城宮《まきむくのたまきのみや》」や「纒向日代宮《まきむくのひしろのみや》」などと伝承する初期ヤマト王権の王都があった地と考えるばかりでなく、三世紀のごく初頭に出現することから、「倭国《わこく》の大乱」を経て西日本各地の勢力が卑弥呼を共立して「新生倭国」を建設した際の首都だったともみなす。女王・卑弥呼《ひみこ》の都する所、邪馬台国《やまたいこく》の都でもあった、というわけだ。

少ないイエ遺構—纒向の不思議

ただ、纒向遺跡からは、マチの一番重要な要素であるはずのイエの遺構の検出が少ない。見つかった柱穴の跡は細い。せいぜい直径十センチ程度。豪壮な宮殿や神殿らしき建物の遺構は、まだ姿を現していない。

一方で、当時の庶民住宅として一般的だった竪穴《たてあな》式住居の検出も皆無に近い。

昭和六十二年（一九八七）に太田・南飛塚地区で掘り出されて大いに注目された「倒壊家屋」も何らかの祭祀に用いられた臨時の建造物の部材（簾《すだれ》壁）が祭祀終了後に取り壊されて放棄されたものとの見方が有力だ。

マチを形成していたとみられる本格的な建物遺構の発掘はごくわずか。建物の建設にふさわしいところはいまも住宅が建て込み、なかなか発掘できていないことなどの事情はあることはあるが、重大な「纒向の不思議」なのである。

纒向は本当に、にぎわいをみせるマチだったのだろうか。「大市」の名にふさわしい都市だったのだろうか―という疑問はずっと、多くの研究者から指摘されてきた。

崇神紀に「箸墓を大市に造営した」との記事がみえることから、『日本書紀』が編まれた八世紀に箸墓付近に「大市」という地名が存在したことは明らかだ。「大市」の墨書のある木簡《もっかん》の時代、平安時代頃まで存在したことも確かなよう

出土した倒壊家屋の部材。簾壁《すだれかべ》と考えられた（昭和６２年）

だ。

だが、「大市」の地名が、三、四世紀まで逆上るという確証はない。「大きな市」が地名の起源になったという確証もなかった。

「大市編」で触れたように、大和の方言で「オイチ」は巫女《みこ》のことを意味する。うずくまる猫《ねこ》のこともいったらしい。

これが古く古く逆上る古語ならば、大市というところに存在した、まるでうづくまる猫のようにも見える箸墓古墳がやがて「オイチ墓」と呼ばれるようになり、「巫女の墓」との伝承が定着し、書記編さん段階で、三輪山の神とのロマンスを内容とする倭迹迹日百襲媛の神婚譚《しんこんたん》説話にまとめ上げられた可能性が考えられる。

古代の葬送や墓造りに活躍した土師部《はじべ》との関係で「ハジ（ハシ）の墓」という呼び名伝承も存在し、二つの伝承を合体して箸墓伝説を作り上げたのかも知れない。

逆も考えられるのである。箸墓古墳はもともと巫女を葬ったものだったことから「オイチ墓」と伝承され、いつしか付近一帯が「大市」と呼ばれるようになった。そして、書記編さん時に箸墓説話が作られた―と。この場合は、箸墓古墳の被葬者をシャーマンの性格が濃かったとみられる卑弥呼や台与《とよ》と結び付けて考えることができるが、「大市」の地名の起こりは「大きな市」と関係がないことになる。

纏向遺跡がにぎわったマチで、日本最初の都市だったということは、日本最初の首都、ヤマト王権の最初の都だったということなのだが、これまでの発掘成果は、マチのにぎわいを想起させる遺構や遺物よりむしろ、箸墓古墳をはじめ、「纏向型前方後円墳」の石塚、矢塚、勝山、東田大塚《ひかいだ》、ホケノ山などの「最古の古墳」などに注目が集まってきた。出土遺構や出土遺物を総合的に、冷静にみると、にぎわいのマチというより、祭祀《さいし》や祭儀（古墳での首長権継承祭儀なども含む）や葬送などに関わる遺跡としての側面が目立つ。どちらかといえば「聖なる区域」の趣だった。

平成十九年に見つかった木製仮面にしても何らかの祭祀に関係したものだろう。ベニバナ花粉の発見も、紅色の染色に用いられたのか、薬用だったのか、用途は判然としないが、藤ノ木古墳の棺内からも発見されており、何となく精神世界との関連を推測させる。

纒向は「大きな市」ではなかった、箸墓古墳など古墳造営のためのキャンプ地だったとの見方がある。列島各地から駆り出され、古墳造営のために働いた人々が仮に暮らす所だった―との見方だ。人々は、ふるさとの土器に食料を詰めてやって来たのだろうか。土器や炭の詰まった穴は、水汲《く》み穴に捨てた煮炊《にた》きの遺物だったのかも知れない。

遺跡内を走る二条の運河は、古墳造営のための資材運搬用だった可能性がある。箸墓古墳と石塚、矢塚、勝山、東田大塚の四古墳をつなぎ、さらに大和川へ延びるのである。「大坂山」(大阪・奈良の府県境付近)の石を運んだ伝承も、王寺付近から大和川水運を利用したものとすればよく理解できる。「手渡しにした」という伝承は、船への積み降ろしの情景かも知れない。

纒向遺跡が古墳や都をつくるために全国各地から動員された人々が暮らした造営キャンプ地だったとしても、それはそれで大変な遺跡であることには変わりない。ヤマト王権の権力の実態が埋まる遺跡である。

方位と柱筋を揃えた建物群

そうした中で、平成二十一年三月、桜井市教委によって注目の調査成果の発表があった。遺跡中心部の辻地区から、柵《さく》列に囲まれ、方位と柱筋《はしらすじ》をそろえた建物群の存在が明らかになったのだ。

柵列で囲ったらしい二間×三間（四・四メートル×五・三メートル）の高床《たかゆか》式建物遺構が昭和五十三年度に検出されていたが、少し広げて再発掘してみると、柵列が北と東に伸び、東側と西側にも建物が並び建つことが分かったのである。柵列に囲まれ整然と並び建つ建物群といえば、飛鳥京や平城宮の宮殿をほうふつさせるものだが、遺構の時期は卑弥呼がいた三世紀前半ごろと判断された。

発掘地は柵列に囲まれた建物群の

ついに纏向遺跡から柱筋を揃えた建物群が出土。現地説明会には多数の考古学ファンが詰めかけた（平成２１年２月）

西端の一部に過ぎない。後に「纒向珠城宮」や「纒向日代宮」などと呼ばれることになる宮殿の一角なのかも知れない。そんな期待を抱かせる発掘成果だった。

「柵列に囲まれた建物群」は、再び「都市・纒向」の風景を思い描く端緒となった。大市は大市でも、キャンプ地や市場町ではなく、宮殿や官庁が建ち並ぶ都市を思い描くのである。

ことイエの検出については〝キャンプ地説〟の方が有力な状況だっただけに、同建物群の検出のもつ意味ははかり知れないほど大きい。建物群の性格解明への期待はいやがうえにも高まる。

地下に眠る「纒向都市論」の究明はまだ始まったばかり――というべきか。

6 穴磯《あなし》・長岡岬《ながおかのさき》――穴師の兵主神

崇神《すじん》天皇の時代、宮中で天照大神《あまてらすおおかみ》と倭大国《やまとおおくに》魂神《たまのかみ》とをいっしょに祭ったところ、互いの神威を遠慮され、災いの原因となった。そこで、天照大神は垂仁《すいにん》天皇の時代に、倭姫命《やまとひめのみこと》によって永遠の鎮座地、伊勢の五十鈴《いすず》川のほとりに祭られることになった。

一方の倭大国魂神にも新たな鎮座地が求められた。垂仁紀は次のように記す。

倭大神が、穂積臣《ほずみのおみ》の遠祖、大水口宿祢《おおみくちのすくね》に神がかりされて言われた。

「太初のとき、伊奘諾《いざなぎ》・伊奘冉《いざなみ》の二尊が、天照大神《あまてらすおおかみ》は高天原《たかまのはら》を治め、皇孫は葦原中《あしはらのなかつ》国《くに》の八十魂神《やそみたまのかみ》を治め、私は大地官《おおつちつかさ》（地主神）を治めよ、と仰せられた。ところが、先皇（崇神天皇）はまだその根源を十分お知りにならず、そのためにお命も短かかった。いまあなた（垂仁天皇）が、先皇の及ばなかった部分を悔い、慎《つつし》んでお祭りになれば、寿命は長くなり、天下も太平になるだろう」。

天皇はこれを聞き、誰をもって大倭大《やまとのおお》神《かみ》を祭らせたらいいか卜《うらな》わせた。渟名城《ぬなき》稚姫命《わかひめのみこと》の名が出た。

そこで、渟名城稚姫命に命じて、神地を穴磯邑《あなしのむら》に定め、大市の長岡岬《ながおかのさき》でお祠《まつ》りした。

渟名城稚姫命はすっかり身体が痩《や》せ、

弱って祭れなくなった。そこで、大倭直《やまとのあたい》の祖、長尾市宿祢《ながおちのすくね》に命じて祭らせた。

〈巻第六・垂仁天皇〉

穴磯邑《あなしのむら》は、いまの桜井市穴師《あなし》付近とされる。穴師の里はJR桜井線巻向駅東方のゆるやかな傾斜地一帯。ミカン畑が多い。大和平野の展望が美しい。春、秋のシーズンには、山の辺の道を歩く人々が連なる。

穴師坐兵主神社《あなしにますひょうず》が巻向山のふもと、穴師の里の奥まったところに鎮座する。『延喜式《えんぎしき》』に記載された古社で、特に格式の高い名神大《みょうじん》社に列せられていた。現在は、三つの社殿があり、中央が兵主《ひょうず》神社、向かって右が若御魂《わかみたま》神社、左が大兵主《だいひょうず》神社。

中央の兵主社は本来、背後の弓月ヶ嶽《ゆづきがたけ》山頂にあって上社と称せられていたが応仁の乱（一四六七〜一四七七年）で焼失、下社の大兵主社があった現在地に合祀《ごうし》したと伝える。

鉄を食べる穴師神

兵主神は、中国の歴史書『史記』の中に登場する「瑯邪八神《ろうや》」の一つで、武神であり、兵器の製造に関係する神としてあがめられたという。八神とは、天主、地主、陰主、陽主、月主、四時主とこの兵主のこと。『史記』は、秦《しん》の始皇帝が山東半島の各地に祭祀されていたのを巡拝した、と伝える。

千田稔氏は、この兵主と青銅兵器の製造を行っていた部族の代表者、蚩尤《しゆう》との強いつながりを指摘する。蚩尤は、風を支配し、砂、鉄石などを食べたと伝える想像上の動物。藤ノ木古墳出土の鞍金具《くらかなぐ》に描かれた図像がそれにあたるのではないかと注目された。

穴師坐兵主神社

「穴師」は砂鉄を採掘する人々のことを指した、との見方がある。戌亥《いぬい》（西北）の強い風のことを意味する古語である「アラシ」の転訛《てんか》と説く向きもある。フイゴで送る強い風は金属製造に欠かせない。

穴師の兵主神社は、武神、兵器、そして兵器をはじめとする金属製品の製造と深く関わった、ということか。付近では鉄の精錬のときにできる鉄滓《てっさい》がよく見つかるともいう。

兵主神は、新羅《しらぎ》から渡来したと伝える天日矛（アメノヒボコ）とのつながりについても注目されている。

『大倭《おおやまと》神社注進状』の裏書には、上ノ社（弓月ケ岳の兵主社）の神体を「日矛《ひぼこ》」と記している。また、兵主神社は、但馬《たじま》（兵庫県）、播磨《はりま》（同）、近江《おうみ》（滋賀県）などに多く分布、それは天日矛《あめのひほこ》伝承の分布と重なりが見い出せる、ともいう。

弓月ヶ嶽の名称について、新羅から渡来したと伝える秦《はた》氏の祖、弓月君《ゆづきのきみ》にちなむとの考え方がある。


まるで語呂合わせのようになってきたが、さらに言うなら「穴師」の「アナ」は「安那」や「吾名」のことかも知れない。「漢」「文」の「アヤ」や「安羅」「安良」の「アラ」も同義だ。

「アヤ」や「アラ」は古代朝鮮半島ゆかりの地名で、半島からの渡来人集団を指す場合にも用いられた。

ついでのついでに言うなら、三重県の「名《な》張《ばり》」は「アナハリ」ではなかったか、とひそかに考えている。

「ハリ」は「張」「墾」、ピンと張った平たい開墾地のことだろう。「原」「針」「晴」などと表記される場合もある。「アナハリ」は、「アナの人々の開墾地」ではなかっただろうか。いつしか「ア」が落ちて、「ナバリ」になった。

桜井市にある「吉隠＝よなばり」は、大和の難読地名のひとつだが、これも「アナハリ」の転訛《てんか》と解釈できる。


話はそれてしまった。山の辺の道沿いにひっそりとたたずむ格式の高いお社、穴師坐《あなしにます》兵主《ひょうず》神社は、あるいは王権を支えた「鉄」や「渡来集団」との深い関わりをいまに語りかけるのだろうか。

その一方で、穴磯邑《あなしのむら》を大倭大神《やまとのおおかみ》の神地に定めたという『書紀』の記事に通じるような言い伝えは見当たらない。不思議といえば不思議である。

長岡岬は柳本？

『書紀』をよく読むと、穴磯邑は大倭大神の神地（料地）と定めたものの、実際に大神を祀ったのは「大市《おおいち》の長岡岬《ながおかのさき》」だった。

「大市の長岡岬」はどこにあったのだろうか。いま、大倭神（倭大国魂神）が鎮座する天理市新泉町にある大和神社《おおやまと》の地ではなかった。大和神社は何度も遷座して現在地に祀られるようになったと伝承する。

手がかりはある。長い岡の岬＝先端と考えられることだ。穴師の里から西に延びる長い岡（尾根）はいくつかある。兵主神社から西に延び、珠城山《たまきやま》古墳群に至る尾根筋もその一つだが、少し巨視的にみれば、柳本の町が乗る丘陵も、西に延びる尾根筋の一つといえる。つけ根にあたるところに行燈山《あんどんやま》古墳（崇《す》神《じん》天皇陵）と渋谷向山《しぶたにむこうやま》古墳（景行《けいこう》天皇陵）があり、行燈山古墳の北側一帯には「上長岡《かみながおか》」の地名をいまに残す。

岬がどのあたりであったのか、定かではない。尾根は細長く延びていたようで、先端はずっと西方だったかもしれない。付け根に近いところならば、崇神陵や景行陵などの大王墓は大和の地主神を追いやる形で築かれたのかもしれない。

「大和の祭り始め」として名高い大和神社のチャンチャン祭（四月一日）では、ご神体が約三キロ離れた同市中山町の中山大塚古墳の前方部の一部を削ってつくられているお旅所まで行列を組んでお渡りする。

お渡りは、上街道《かみ》（上道《かみつみち》）をまっすぐ南下した後、同市岸田町にある「神輿台石《みこしだい》」（みこしを置く石）から左へ折れて中山へと、谷筋をゆるやかな坂道を登っていく。ちょうど「長岡」の北裾をぬっていくようなコースを取る。豪壮な崇神陵をうらめしく横目で見ながらいくようなコース。何となく意味ありげだ。

初めての天覧相撲

穴師の里の兵主神社へ登る参道脇に「カタヤケシ」の伝承地がある。小さなホコラが建ち、三百平方メートルほどの広場に相撲《すもう》の土俵が造られている。垂仁紀にある次のような記事にまつわる「相撲発祥の地」なのである。

垂仁天皇七年のことだった。側近の一人が天皇に、

「当麻邑《たぎまのむら》の当摩蹶速《たぎまのけはや》という人は力が強く、『どこかに力持ちはいないだろうか。生死をかけて力比べしたいものだ』と言っています」

と奏上した。

別の一人が、

「出雲国に野見宿祢《のみのすくね》という勇士がいます」

と報告し、力比べをさせることになった。

二人は、互いに足を上げて蹴《け》とばし合い、激しく戦った。やがて、野見宿祢が蹶速のあばら骨を折り、腰の骨を踏み折

って殺した。
負けた蹴速の土地はすべて野見宿祢の
ものになった

〈巻第六・垂仁天皇〉

わが国最初の天覧相撲の記事である。相手のあばら骨や腰骨を踏み折って、殺してしまうというすさまじい勝負だった。当麻地方（いまの葛城市付近）と出雲の勢力の土地争いが背景にあった、との見方などがある。

出雲というのは山陰の出雲なのか、あるいは大和のどこかだったのか、これについてもいろんな考え方があるが、いずれにしても出雲の野見宿祢は勝利した。

山の辺の道でも特に穴師の里付近はいま、いかにものどかなたたずまいをみせる。

相撲発祥の地とされる「カタヤケシ」伝承地。相撲神社がある

が、このあたりに展開された纒向の王権は、さまざまな神々や全国から集まった人々や、さらに海の向こうからやってきた多くの

渡来人らによって支えられた王権だったということだろう。いまの風景からは想像もつかないような営みや争いもあった。

巻向山・巻向川

穴師の里の東側に連なる弓月ケ嶽《ゆづきがたけ》や穴師山を総称して巻向山と呼ぶ。王都・纒向は、この巻向山から流れ出る巻向川（穴師川）がつくった扇状地の上に形成された。

巻向川の上流にはかつて、水車がたくさんあり、「車谷」と呼ばれるようになった。精米だけでなく製粉も行われ、特産の三輪そうめんが生まれた、ともいわれる。

纒向の穴師の山に雲居《くもゐ》つつ
　降れども濡れつつそ来し

三輪山、竜王山と手をつなぐようにもみえる巻向山の山並み（纒向遺跡内から）

痛足川《あなしがわ》川波立ちぬ巻向の
　弓月が嶽に雲居《くもゐ》立つらし

「纒向の時代」からはずっと後のことだが、かの歌聖・柿本人麻呂が住んでいたらしい。女性のもとに通う歌、巻向山にかかる雲や穴師川の増水を心配する歌など多くの歌が万葉集や人麿呂歌集に残る。

三諸《みもろ》のその山並《やまなみ》に児らが手を
　巻向山は継《つぎ》のよろしも

纒向遺跡あたりからの眺めか、三諸山に連なって、子どもが手をつなぐようにも見える巻向山の山並みの絶景を詠んでいる。

ワン・ポイント

出雲と菅原――野見宿祢と土師

当麻蹴速《たぎまのけはや》との相撲《すもう》に勝った野見宿祢《のみのすくね》は、垂仁《すいにん》天皇のもとで大いに活躍する。『日本書紀』は次のような説話を伝える。

垂仁天皇二十八年、天皇の叔母《おば》の倭彦命《やまとひこのみこと》が亡くなった。身狭《むさ》の桃花鳥《つき》坂《さか》に葬った。近習の者を、生きたままで陵の周囲に埋めた。数日たっても死なず、昼も夜も泣き呻《うめ》いた。やがて死に、悪臭がただよった。犬や鳥が集まって来てついばんだ。天皇は悲しみ、

「殉死《じゅんし》はまことにいたわしい。昔からの風習であろうと、良くないことはどうして従う必要があろうか」

と、殉死を禁止した。

三十二年、皇后の日葉酢媛命《ひばすひめのみこと》が亡くなった。葬るまで日数があった。野見宿祢が進み出て、

「生きた人を埋めるのは良くないことです。適当な処置を奏上したいと思います」

と言った。そして、出雲国の土部《はじべ》百人を呼び寄せ、埴《はにつち》を取り、人や馬および種々の物の形を作って献上、

「今より以後、この土物《はに》を生きている人に代えて陵墓に立てたい」

と申し上げた。

天皇は大層喜び、日葉酢媛の墓に立て、埴輪《はにわ》と名付けた。野見宿祢を褒めて、土地を賜り、土部の管掌者に任じた。これから、土部連《はじのむらし》らが天皇の葬送を掌るようになった。

〈巻第六・垂仁天皇〉

埴輪づくりの土師氏

有名な「埴輪《はにわ》起源説話」。倭彦命《やまとひこのみこと》の墓は、橿原市鳥屋《とりや》町にある桝山《ますやま》古墳（五世紀）に比定されている。一辺八五メートル、全国最大の方墳だ。一方、日葉酢媛陵は、奈良市の佐紀盾列《さきたたなみ》古墳群内にある全長二〇七メートルの大前方後円墳があてられている。

どこまで信じていいいか、難しいところ。考古学的には、埴輪の起源は、特殊

器台、特殊壺などと呼ばれる供え物を載せるための土器にあったと考えられている。また、人や動物を形どった形象埴輪《けいしょうはにわ》が登場するのは五世紀後半で、それまではもっぱら筒形の円筒埴輪《えんとうはにわ》が用いられた。最初から形象埴輪が作られるように書く記事は、あきらかに事実と矛盾する。

しかし、野見宿祢を祖とする土部《はじべ》（土師部《はじべ》）、土部臣《はじのおみ》（土師臣《はじのおみ》）が、埴輪作りばかりでなく、陵墓造営や殯《もがり》など王権の葬送に関係する仕事に携わったことは間違いないところらしい。

例えば、雄略《ゆうりゃく》天皇九年には土師連小鳥《はじのむらじことり》という人物が、紀小弓《きのおゆみ》の墓を田身輪邑《たむあのむら》（大阪府岬町）に造るよう命じられている。全長一八〇メートルの淡輪《たんのわ》ニサンザイ古墳のことかとも考えられる。

推古十一年（六〇三年）には土師連猪手《はじのむらじいて》が来目《くめ》皇子の殯《もがり》を担当した。文武《もんむ》三年（六九九年）には土師宿祢根麻呂《はじのすくねまろ》が斉明《さいめい》天皇陵を、同じ年に土師宿祢馬子《はじのすくねうまこ》が天智《てんじ》天皇陵を修復した。文献記録がしっかりする飛鳥から奈良時代にかけて、土師氏が葬儀や陵墓に関係したことを示す記事はひんぱんに出る。

土師の子孫らは全国に分布した。河内では、大阪府藤井寺市に「土師の里」の地名を残し、別名土師神社の道明寺《どうみょうじ》天満宮、かつて「土師寺」と称した道明《どうみょう》尼寺《にんじ》がいまに残る。応神《おうじん》天皇陵に代表される「河内王朝」の記念碑といえる古《ふる》市《いち》・誉田《こんだ》古墳群に関わった集団だったらしい。

一方、堺市あたりには百舌鳥《もず》古墳群に関わった百舌鳥《もず》土師《はじ》氏がいた。

菅原の土師氏

大和では、奈良市の平城宮跡西側一帯、佐紀盾列《さきたたなみ》古墳群や垂仁天皇の菅原伏見陵と伝える宝来山《ほうらいさん》古墳にほど近いところに土師一族がいた。『書紀』の「埴輪起源説話」に登場する日葉酢媛陵《ひばすひめりょう》も目と鼻の先。埴輪を焼いた窯跡群も発掘されている。

奈良時代末の天応元年（七八一）、土師宿祢古人《はじのすくねふるひと》が改姓を願い出て「菅原《すがわら》」の姓を許された。翌延暦《えんりゃく》元年（七八二）、土師宿祢安人《はじのすくねやすひと》らが「秋篠《あきしの》」を名乗り始める。新しい姓は「居地の名に因《よ》った」とされる。

菅原《すがわら》や秋篠《あきしの》の地名は、平城宮跡の西方にいまもその名をとどめる。改姓を願い出たのは、垂仁天皇陵（宝来山古墳）や佐紀盾列古墳群の築造に深く関わった土師の一族の末裔《まつえい》だったと考えていいだろう。

近鉄橿原線の陸橋を渡って西へ約五〇〇メートル、阪名道路のすぐ北側の奈良市菅原東町に菅原神社がある。「菅原天満宮」とも呼ばれる。

祭神は、「学問の神様」とあがめられる平安前期の公卿《くぎょう》で文人の菅原道真《すがわらのみちざね》、野見宿祢《のみのすくね》、そして土師氏や菅原氏の祖神とされる天穂日命《あめのほのひのみこと》。

拝殿の古びた屋根の軒丸瓦の文様はすべて「梅鉢《うめばち》」。牛の石像や梅の植樹もあり、いかにも菅公《かんこう》を祀《まつ》る神社らしい。境内の片隅に「筆塚」があり、三月二十五日に道真《みちざね》の文筆の才にあやかろうと「筆まつり」が営まれている。

同社発行のパンフレットには、「全国各地に道真をまつる神社が設立され、世に道真を天満自在天神と崇《あが》め奉《たてまつ》るにいたった。その中にあって、菅家発祥および生誕の地当菅原天満宮と、終えんの地太宰府《だざいふ》天満宮、および京都の北野天満宮は最も重要な神社とされている」とある。

菅原神社。土師氏の本拠、“菅公生誕の地”にある（奈良市菅原町）

その知名度や参拝者の数では、北野や太宰府の天満宮に及ぶべくもないが、由緒の点では、こちらの菅原天満宮がズバ抜けているといえるかもしれない。神社の北一〇〇メートルに道真の生誕地と伝えるところがあるが、あながち無視できないものがある。

全国に菅公を祀る天満宮や天神さんは多い。なぜか多くの人々に人気があり、根強い信仰を集める。しかし、考えてみれば、道真は平安時代の一公卿に過ぎない。太宰府への左遷など、日本人の心情に訴えかける要素があったとはいえ、ただそれだけだろうか。土師氏や土師部の分布との関連をもっと考えていいのではなかろうか。

大和の出雲

野見宿祢のふるさと、出雲とはどこのことだったのだろうか。山陰の出雲地方と考えるのが普通だが、桜井市内にも出雲がある。三輪山の東南、初瀬谷の中程にあり、相撲発祥の地、カタヤケシ伝承地とは三キロほどしか離れていない。

出雲に住む榮長増文さんは、この桜井の出雲に相撲の開祖、野見宿祢が住んでいた、と信じている。榮長さんが言い出したわけではなく、地元に古くから伝わる言い伝えで、昭和四十一年には野見宿祢顕彰会が結成された。勉強会をしたり、看板を立てたり、活動を続けている。

集落の真ん中にある氏神、十二柱《じゅうにはしら》神社の二基の狛犬《こまいぬ》は、江戸時代末の文久二年（一八六二）の奉納、そんきょの姿勢で足を踏ん張る力士たちが狛犬の座る台座を支えている。一基に四人ずつ、あわせて八体の力士像は、腹が出て、筋肉が盛り上がり、なかなか力感あふれる。

同神社には、野見宿祢の墓に建てられていたと

出雲人形。桜井市出雲で焼かれ続けてきた

狛犬の台座を支える力士像
（桜井市出雲の十二柱神社）

伝える巨大な五輪塔もある。高さ二・八五メートル、横綱のようにどっしり太い。

榮長さんが自費出版した『大和出雲新発現』によると、宿祢の墓は、神社の南東約四〇〇メートル、初瀬川の対岸にあった。明治の頃までは、毎年、伊勢街道（初瀬街道）を通る江戸相撲や上方相撲の一行も、必ず参拝した。周辺の畑地が踏み荒らされるのに業を煮やした地主が明治十六年、塚を壊し、五輪塔を十二柱神社に運んだ、という。

この取り壊しの時、刀や埴輪《はにわ》や土器が出土したという。木棺《もっかん》のなかにあった水銀朱を小川に捨てたところ、初瀬川には三日三晩、赤い水が流れ続けた、とも伝える。

いまは、水田の中に、顕彰会が平成十二年に建てた「野見宿禰塚跡」の記念碑だけがある。

出雲の地には、埴輪と関連づけて考えたくなる伝統工芸品がある。素焼きの土人形で、「出雲人形」と呼ばれる。

明治末ごろまで、長谷寺詣のみやげものとして人気が高かった。集落の街道筋には、十数軒の人形屋が並んでいた、と伝える。鉄道の開通で、街道を歩く人がいなくなり、窯元《かまもと》は次々とやめていったが、水野美津子さんという人だけが、いまも出雲人形を焼き続けている。

美津子さんが老人会の会報に書いた「出雲人形と私」によると、粘土を型取りして陰干ししてから焼く。空気の乾いた日和の日を選んで乾燥を終えた人形を田んぼの窯に入れ、モミ殻《がら》を足して一昼夜から二昼夜かけ六〇〇度のワラ火で約三十時間、ゆっくりと焼き上げる。真っ白に胡粉《ごふん》を塗って、泥絵具で黒、赤、青、黄に彩色する。「埴輪の血をひく出雲人形」や力士、俵牛《たわらうし》、犬など三十種類ほどの型があるという。

素朴で、どこか憂いを浮かべるこの「出雲人形」が埴輪と関係するものなのかどうか、確かめようがないが、出雲の地は、背後の三輪山から雲がわき、野見宿祢がのっそのっそと歩いて来そうな古代色に包まれる。

箸墓《はしはか》の「箸」は「土師《はじ》」に関連するかも知れないことは既に書いた。出雲の里がある初瀬谷の初瀬もあるいは「土師」と関連するのかも知れない、と最近思う。苗字の土師さんを「ハセ」さんと読むことが多いが、初瀬川が流れる初瀬谷は東西に細長く、まさに長谷＝ハセなのである。

7 山辺道《やまのへのみち》——王権の地

崇神《すじん》天皇は即位から六十八年目の冬十二月に亡くなった。時に百二十歳。翌年の八月に、山辺道上陵《やまのへのみちのえのみささき》に葬った。

〈巻第五・崇神天皇〉

景行《けいこう》天皇は即位六十年の冬十一月に高穴穂宮《たかあなほのみや》で亡くなった。時に百六歳。倭国の山辺道上陵《やまのへのみちえのみささき》に葬りまつった。

〈巻第七・景行天皇、成務天皇〉

『日本書紀』によると、崇神天皇も、景行天皇も、ともに「山辺道上陵《やまのへのみちのえの》」に葬ったと記録している。『延喜式《えんぎしき》』では、崇神陵の方は「山辺道勾岡上陵《やまのへのみちのまがりのおかのえの》」として区別している。

現在の治定は、天理市柳本町字アンドにある行燈山《あんどんやま》古墳が崇神天皇陵、その南の同市渋谷町字向山にある渋谷向山《しぶたにむこうやま》古墳が景行陵とされる。逆さまだった時代もあるらしいが、どちらも、大和平野に延びる尾根上に築かれた巨大前方後円墳。その威容は、「三輪王朝」「崇神王権」などとも呼ばれるヤマト王権の強大さをいまに伝える。

両天皇陵は山辺道《やまのへのみち》の上に築かれたと伝えている。二つの古墳付近に、「山辺道《やまのへのみち》」という、わが国最古といえる古代の道が通じていたことになる。

「山《やま》の辺《べ》の道」はすっかり有名になった。

春、秋の観光シーズンには、列をなすほどの多くのハイカーらでにぎわう。普通は、桜井市の初瀬川沿いにある海石榴市《つばいち》観音あたりを南の起点とし、三輪山のふもとを抜け、天理市の柳本、石上神宮から櫟本《いちのもと》付近を経て、さらに奈良市の高円《たかまど》山ろくを巡り、春日山のふもとあたりまで延びる山沿いの道をいう。南北に連なる大和青垣《やまとあおがき》の東山のふもとを縫うように、案内板などが整備されている。

もちろんコースのすべてが古代から存在した道という確証はないが、古墳や古社の間を縫う道は古代色に覆われる。大和平野のまさにまほろばの田園風景を見渡せる。

（本書では、『日本書紀』などに登場する歴史的地名としての「やまのへのみち」は「山辺道」と表記し、散策コースとして人気の「やまのべのみち」は「山の辺の道」と表記している）

おおやまと古墳集団

崇神天皇陵とされる行燈山古墳（全長二四二メートル）と景行陵とされる渋谷向山古墳（全長三〇〇メートル）は、ともに四世紀前半の築造とされる。どちらが先に築造されたかは、見解が分かれるところだが、三輪山をとり囲むように築かれた六基の巨大古墳の中では二つとも新しい方に入る。

六基の築造順位に必ずしも定説があるわけではない。最も早く造られたのは箸墓古墳とすることにはほぼ異論はない。これに続くのが西殿塚古墳というのも大方だが、茶臼山古墳の方が早かったという説もなくはない。

いずれにしても行燈山と渋谷向山は六基の中では遅れて造られた。言うなら、三輪山王権の完成を示すモニュメントといえる。初期ヤマト王権のシンボルとしての風格が漂う。

山の辺の道に沿ってずっと大小の古墳が連なる。特に天理市の南部と桜井市北部の山の辺の道沿いには、三—四世紀ごろに築造されたとみられる前期古墳が集中する。

三輪山周辺地域のものも含め、総称して「おおやまと古墳集団」などと呼ばれる。伊達宗泰氏や和田萃氏は、茶臼山古墳やメスリ山古墳も含めてそう呼んだ。初期ヤマト王権の墳墓群という意味が込められている。

いくつかの群れに分かれる。普通、行燈山、渋谷向山を中心とする柳本古墳群、南側の箸

竜王山頂から柳本古墳群を見る。中央が崇神陵、その向こうに天神山古墳、右方に黒塚古墳が見える

墓を中心とする箸中山古墳群、北側の西殿塚《にしとのづか》を中心とする大和《おおやまと》古墳群に分ける。箸中山古墳群には纒向《まきむく》古墳群、大和古墳群には萱生《かよ》古墳群との呼び名もある。

　形も大きさもさまざま。前方後円墳でも前方部が短かかったり、長かったり、バチ型を呈したり。両サイドに前方部が突出する双方《そうほう》中円墳《ちゅうえんふん》（櫛山《くしやま》古墳）などというのもある。前方部が異常に長い前方後方墳も。まるで、古墳の青空博物館だ。

　なぜ、群れをなすのか。地形的な要因で結果的に集中して造られたまで、ということも考えられなくはない。しかし、巨大古墳を中小の古墳がとり囲むさまは、巨大古墳の主を盟主とする王権一族や王権を支えた人々が眠る墳墓集団と考えたくなる。

　今尾文昭氏は、大和古墳群、柳本古墳群、纒向古墳群、さらに茶臼山とメスリ山を含む桜井市南部の古墳群のそれぞれに一系、あるいは二系以上の勢力が重層して存在、また、その諸勢力は並立していた、とみなす。

　つまり、初期ヤマト王権は、並立する諸勢力の連合王権だった、とみるのだ。おおやまと古墳集団を造ったのは「磯城《しき》連合王権」だったと考えるわけだが、その連合王権内には複雑で重層的な諸勢力が分化、並立していたと推測するのである。

　今尾氏はさらに、「磯城連合王権」と同時的に「佐紀《さき》連合王権」や「馬見《うまみ》連合王権」が並立していた可能性を考え、「諸王の割拠」説を提唱、四世紀段階に広範な地域を統率していた「大王」が出現していたことに疑問を投げかける。

行燈山古墳も渋谷向山古墳も、天皇陵に治定されているため発掘調査はできない。どのような埋葬施設をもつものなのか、明らかでない。

主体部が分からないばかりでない。行燈山の高さ七メートルにも達する豪壮な堤にしても幕末に築造されたものだ。柳本の織田藩が、周濠をかんがい用の溜池とするために造った。当初の墳形はよく分かっていないのである。

宮内庁によるごく一部の調査や遺物の採集によっていくつかの出土品が知られる。土器や埴輪《はにわ》片が多いが、行燈山からは、内行花文鏡に似た文様が陽刻された長方形の銅板（タテ五四・五センチ、ヨコ七一センチ、厚さ一センチ）が出土している。一方、渋谷向山からの出土品と伝えられる瑪瑙《めのう》製の石枕が関西大学に保管されている。

どちらも王者の墓の豪華さを垣間見せるが、全容を知るには程遠い。

41キロの水銀朱、23面の銅鏡

柳本古墳群では、鏡を大量に埋納していた古墳が二基発掘されている。

一基は、行燈山古墳のすぐ西側にあり、同古墳の陪塚とみられている天神山古墳。全長一〇五メートルの前方後円墳で、昭和三十五年（一九六〇）に後円部墳上付近が調査され、竪穴《たてあな》式石室から四一キログラムもの大量の水銀朱を納めた木櫃《もくひつ》と二十三面の鏡が発見された。

　不思議なことに、遺体を埋めた形跡は見えなかった。

　調査を担当した森浩一氏は、遺体埋葬のた

天神山古墳石室。約41kgの水銀朱を取りかこむように20面の鏡が並べられていた（昭和35年）＝橿原考古学研究所提供

めの墳墓ではなかったと解釈している。行燈山古墳に葬られた王者の持ちものであった鏡と水銀朱を埋納するための古墳だったと考えるのだ。

　二十三面の鏡は、後漢の方格規矩《ほうかくきく》鏡、内《ない》行花文《こうかもん》鏡、画文帯神獣鏡《がもんたいしんじゅうきょう》など中国からの舶載鏡が多かった。ムカデのような足をもつ龍蛇や弥生式土器によく見られる鳥、鹿、亀、人物などを描いた人物鳥獣文鏡《じんぶつちょうじゅうもんきょう》などの国産鏡もあった。

　注目されるのは製作時期。弥生時代に中国から九州地方にもたらされた古い時期のものも確実に存在、出土鏡の製作年代がかなり幅広く考えられる点だ。森氏は、各地の豪族が服属のあかしとして大王に献上したものが一括して埋納された可能性を指摘した。

記紀には、西国へ遠征した天皇に対し、在地の豪族らが鏡、玉、剣のいわゆる「三種の神器」をつるしたサカキを差し出して服属を誓う場面がしばしば叙述されている。もしかすれば、この服属のしるしとして差し出された鏡群なのかも知れない、と関連を注目したのである。

33面の三角縁神獣鏡

平成十年一月、天神山古墳の西北約二〇〇メートルの黒塚《くろづか》古墳（天理市柳本町）から三《さん》角縁神獣鏡《かくぶちしんじゅうきょう》三十三面を含む三十四面の鏡が出土して、世間を驚かせた。マスコミは「卑《ひ》弥呼《みこ》の鏡発見」、「邪馬台国《やまたいこく》の鏡大量出土」と大騒ぎした。

黒塚古墳は、全長一三〇メートルの前方後円墳。おおやまと古墳集団内では中規模クラス。三世紀後半から四世紀ごろの築造とみられる。橿原考古学研究所と天理市教育委員会の合同調査で、長さ八・三メートルある未盗掘の長大な竪穴式石室が見つかり、棺を覆うように置かれていた三十四面の鏡が発見された。

三角縁神獣鏡は注目の鏡である。全国で五百枚以上も出土しているのだが、新しく発見されるたびに、マスコミは「卑弥呼の鏡出土」と大騒ぎしてきた。三十三面も一度にまとまって出土したのだから大変だった。

『魏志倭人伝』によると、景初《けいしょ》三年（二三九年）六月、倭の女王・卑弥呼は難升米《なんしょうまい》を使節として派遣した。魏の皇帝は、卑弥呼を「親魏倭王」に冊封《さくふう》し、種々の品を下賜した。下賜品の中に「銅鏡百枚」があった。

　京大考古学の大御所、小林行雄氏は一九六一年、西は熊本県から東は群馬県まで全国各地の古墳から出土する三角縁神獣鏡こそこの「銅鏡百枚」にあたるとの説を出した。

黒塚古墳石室内部。三角縁神獣33面が埋納されていた
（阿南辰秀氏撮影、奈良県立橿原考古学研究所提供）

　全国から出土する三角縁神獣鏡には同一の鋳型《いがた》から鋳造された同笵鏡《どうはんきょう》が多数存在する。小林氏は、その同笵鏡の分布状況を分析して、昭和二十八年（一九五三）に自ら発掘調査し、三十二面以上の三角縁神獣鏡を掘り出した京都府山城町（現木津川市）の椿井《つばい》大塚山古墳を中心に、畿内中枢から各地の首長に一元的に分与したものと考えたのである。

　小林説は、「邪馬台国畿内説」の大きな論拠となってきた。

　ところが、三角縁神獣鏡は中国で一面も見つかっていない。また、京都府福知山市の広峯一五号墳から、存在しないはずの「景初四年」の紀年銘のあるものが出土した。

　こうしたことから、「国産説」など異論も相次ぎ、三角縁神獣鏡論争は邪馬台国論争の中の中核的論争として四十年以上にわたり繰り広げられてきている。中国の考古学者、王仲殊氏が「呉《ご》の工人が東渡し、倭国内で制作した」と唱えるなど、国際的な広がりも見せている。

　黒塚古墳の三角縁神獣鏡は、棺の外に置かれていた。鏡面（反射面）を被葬者に向けて立て並べられていた。画文帯神獣鏡が棺内の被葬者の頭付近に大事そうに置かれていたのと比べると、いかにもぞんざいな扱いだった。

　魏の皇帝から権威のシンボルとして下賜された鏡の扱い方ではない——との確信を深めた研究者が多かった。

「卑弥呼の鏡」と大騒ぎになった三十三面の三角縁神獣鏡は、皮肉にも「卑弥呼の鏡」ではないことを語りかけることになったのである。

　ちなみに、天神山古墳の二十三面の鏡には三角縁神獣鏡は一枚も含まれていなかった。

　山の辺の道に沿う柳本の地は、何十枚もの鏡が同時に出土する古墳が隣り合って存在する地なのである。「卑弥呼の鏡」論争ぐらいに動揺することのない、デンと構えた「王権の地」なのである。

8 大倭《おおやまと》――国のまほろば

倭《やまと》は　国のまほろば
たたなづく　青垣《あおがき》
山こもれる　倭しうるはし

〈巻第七・景行天皇〉

景行《けいこう》天皇が熊襲《くまそ》征討のおり、日向《ひゅうが》（宮崎県）の子湯県《こゆのあがた》で大和をしのんで詠んだ「国しぬび歌」とされる。

『古事記』は、倭建命《やまとたけるのみこと》が東征の帰路、病に倒れた能煩野《のぼの》（三重県）で詠んだとする。死に臨む倭建の無念と望郷の思いがほとばしる歌と解釈される。

本来は、小高い山の上から大和平野の国原《くにはら》を見渡して行われた国見《くにみ》行事の時に歌われた国讃《くにほ》め歌だったといわれる。

青垣に囲まれたヤマト

青垣の山々に囲まれ、「国のまほろば」と讃える「倭」は、大和平野の「ヤマト」のことだった。

「ヤマト」は「山処」や「山内」であり、「山のふもと」、「山々に囲まれたところ」、「山の間」などの意味があるといわれる。古代語のトは二通りあったが、「倭」のトは乙類にあたり、甲類の「山戸」や「山門」ではないとされる。四方を山に囲まれ大和平野は、いかにもふさわしい。

ヤマトは、「倭」や「大和」のほか「大倭」

「和」「大養徳」とも表記された。さらに、「日出ずるところ」の「日本」とも表記されるようになった。「和風」や「大和魂」ということばはいまも生きている。

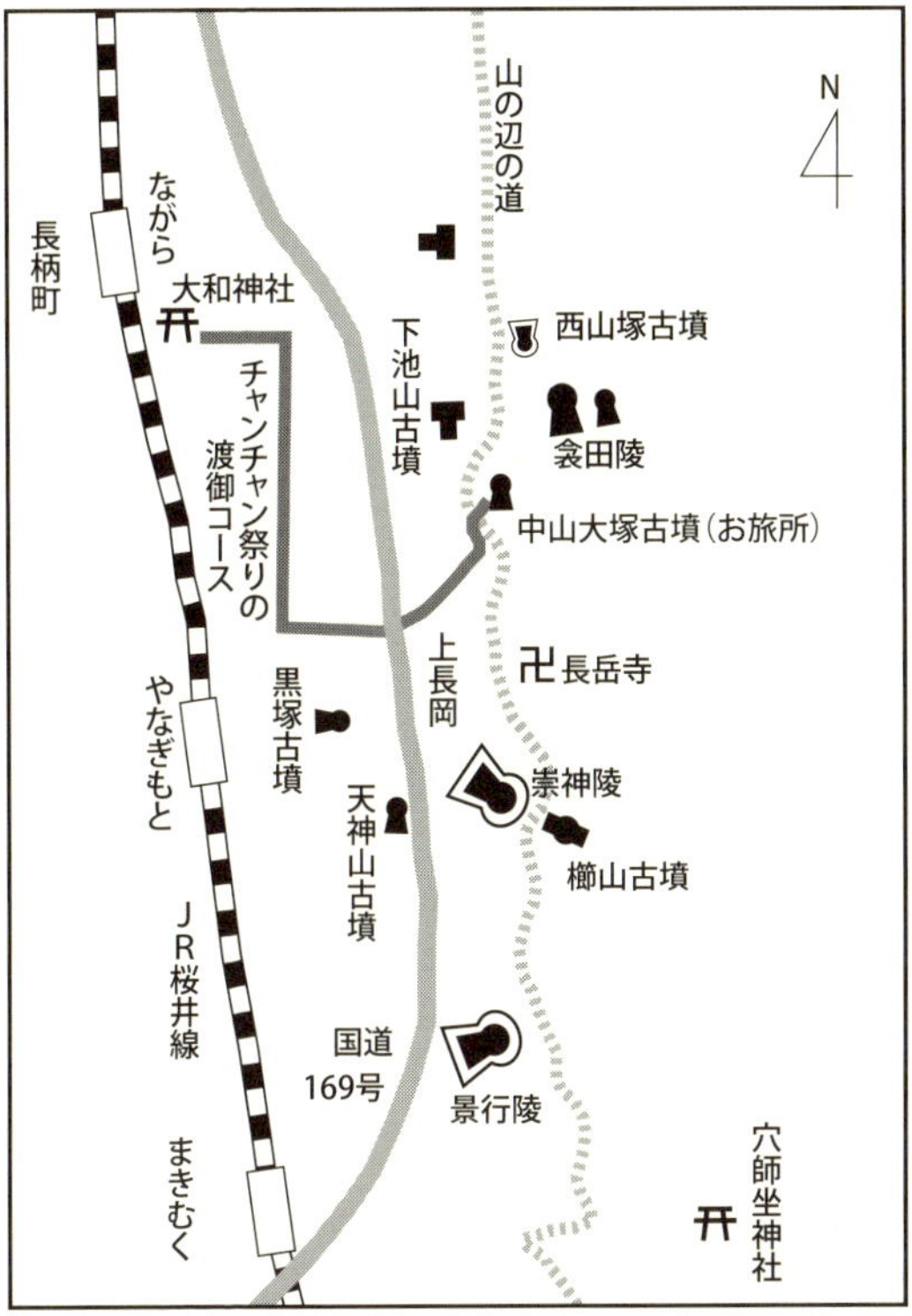

ヤマトの「ヤマ」はいずれの山だったのだろうか。大和平野をとり巻く大和青垣全体なのか、それとも三輪山のことか。竜門山塊、畝傍《うねび》山、さらに竜王山などとする推定などもある。

いずれにしても、平野東南部、磯城《しき》・十市《とおち》・山辺郡の南部地域あたりがヤマトの中のヤマトだったことについては、研究者の一致した見方だ。

天理市新泉町にある大和《おおやまと》神社は、大和の地主神、倭大国魂神《やまとおおくにたま》を祭る。ヤマトの拠り所といっていい。

倭大国魂神は最初、崇神《すじん》天皇

の宮殿内に天照大神《あまてらすおおかみ》といっしょに祭られていたが、互いの神威を遠慮されたので別々に祭るようになったというあの神だ。天照大神は豊鍬入姫命《とよすきいりひめのみこと》によって笠縫邑《かさぬいのむら》で祭り、後に伊勢神宮の地を求めた。大国魂神の方は、淳名城入姫命《ぬなきいりひめのみこと》に祭らせたものの姫は髪が抜け落ち、やせ細って祭れなくなり、市磯長尾市《いちしのながおち》によって大市長岡岬《おおいちのながおかのさき》で祭るようになった、と

大和神社

チャンチャン祭りの渡御行列。大和神社から中山大塚古墳のお旅所へ向かう

いうことは、「笠縫邑」編と「穴磯《あなし》・長岡岬《なかおかのさき》」編で書いた。

大国魂神を祭った長岡岬、つまり大和神社の元の場所はどこだったかはいま明らかでないが、崇神陵や景行陵、さらに柳本の町並みが乗る西に張り出した細長い丘陵が長岡で、その先端付近が長岡岬だったのではないか、ということも既に書いた。

丘陵のつけ根の崇神陵の北側あたりに上《かみ》長岡《なかおか》という地名をいまに残す。弘法大師が開き、中世は二十坊をかかえる大伽藍《がらん》だったと伝える長岳寺《ちょうかくじ》がある。「長岳」は「長岡」と同義だといわれる。

いまの大和神社は、北へ谷一つ隔てた丘陵（微高地）上にある。竜王山から西に張り出す細長い丘陵。まさに「長い柄」のようだが、大和神社西側のこの丘陵に乗る集落が「長柄《ながら》町」である。

「大和の祭り始め」として名高い四月一日のチャンチャン祭りでは、古色豊かな白装束に身を包んだ大和郷九十大字の氏子たちが、同市中山町のお旅所まで渡御《とぎょ》する。行列の先頭をチャンチャンと鉦鼓《しょうこ》を打ち鳴らして行くことからこの名前がある。

中山大塚古墳の一角につくられたお旅所までは、およそ三キロ。古代の上道《かみつみち》の名残りとされる上街道をまっすぐ南へ下り、柳本の町の手前で左に折れ、谷筋を東に登る。そのコースは、長岡の丘陵、あるいは長岡岬に向かってひたすら進んでいたのに、ふと我に返って方向転換するようにも見える。

中山大塚と下池山古墳

長柄《ながら》の丘陵にも多くの古墳が営まれている。大和《おおやまと》古墳群、あるいは萱生《かよ》古墳群と呼ばれる。

最も大きい盟主墳が、全長二一九メートルある西殿塚《にしとのづか》古墳（天理市萱生《かよ》町、中山町）。三輪山を取り囲むように造営された六基の巨大古墳の中で一番北側にある。箸墓《はしはか》古墳に次いで造営された二番目に古い古墳との見方が強く、卑弥呼《ひみこ》の宗女、台与《とよ》の墓に当てる研究者も多い。

柿畑と水田の間の盛り上がったところはいたるところ古墳、まさに古墳銀座の様相を呈する。墳頂部が異常に細長い前方後方墳の波《は》多子塚《たごづか》古墳などもある。

ただ、多いばかりではない。古いのである。これほど前期古墳が集中する地域は他にない。もしかすると、邪馬台国時代からの墳墓群ではないか、と注目され続けている。

平成五年と六年にチャンチャン祭りのお旅所のある中山大塚古墳に学術調査のメスが入れられた。

全長一三〇メートルある、群中で三番目

中山大塚古墳から検出された竪穴式石室

に大きな前方後円墳で、三世紀後半ともみられる特殊器台形埴輪《はにわ》が採取されていた。邪馬台国の時代に築造された可能性が考えられる古墳だったこともあり、調査は大変注目された。

後円部から、長さ七・五メートル、長大な竪穴《たてあな》式石室が見つかり、割竹形木棺《わりたけかたもっかん》を安置していたらしい痕跡が検出された。副葬品のほとんどは盗掘で失われていたが、銅鏡の破片二点と鉄刀、鉄剣の破片、鉄槍《てつやり》、鉄鍬《てつぞく》などが出土した。

被葬者の手がかりや鋳造年代推定の決定的資料の出土には至らなかったが、ヤマト王権の奥津城《おくつき》と考えられる大和古墳群のそれなりの規模の古墳の実態を知る貴重な成果となった。

平成七年と八年、すぐ北側にある下池山古墳（天理市成願寺町）に学術調査のメスが入れられた。

南北に主軸をもつ全長一二〇メートルの前方後方墳。後方部に埋葬施設があった。南北一八メートル、東西一二メートル、深さ四メートルの大きな墓壙《ぼこう》内に板状の石を積み上げて、長さ六・六メートルの合掌形構造の石槨《せっかく》を造っていた。

石槨内には、高野マキ製の割竹形木棺（五・二メートル分を検出。本来は約六・四メートルと推定）が残っていた。副葬品は大方が盗掘を受けていたが、鉄刀、鉄槍、碧玉《へきぎょく》製石剣、管玉《くだたま》、ガラス小玉の玉類などがわずかに残存していた。当初の予想より古い前期古墳ということも分かった。

下池山古墳から出土した内行花文鏡。直径 37.6 センチ
（阿南辰秀氏撮影、奈良県立橿原考古学研究所提供）

大型内行花文鏡

注目を集めたのは、石槨とは別に造られた五十センチ四方ほどのドーム型小石室から発見された大型銅鏡。直径三七・六センチ、重さ四・八八キログラムもある国産の内行花文鏡《ないこうかもんきょう》（四葉座鈕雲雷文帯連弧文鏡）だった。

　大型の内行花文鏡といえば、福岡県前原市《まえばる》の平原《ひらばる》王墓出土鏡が思い起こされる。故原田大六氏によって掘り出された、直径四六・五センチもある超大型の鏡で、『魏志倭人伝』にも登場する三世紀初めの伊都《いと》国の王の持ちものだったとの見方が強い。

　時期は百年ほど隔たるが、大型銅鏡を大切にする点で、大和古墳群と北九州は確実につながるのである。

　実は、倭大国魂神を祭った市磯長尾市《いちしのながおち》の子孫が後に倭国造になるが、その始祖は椎根津彦《しいねつひこ》といった。その椎根津彦は、神武《じんむ》東征伝承に登場、「速吸之門《はやすいのと》」で現れ出て、東征軍一行を大和へと水先案内した人物とされる。

海のない大和を治めた氏族の始祖は海導者、航海術に長じた人物だったというのである。

「速吸之門」とはどこのことを指すのか、さまざまな説があるが、前後の文脈からすれば、九州と四国の間の豊予海峡とするのが妥当で、椎根津彦を北九州の出身と推定することに無理はない。

果たして下池山古墳の大型鏡が、こんな始祖伝承や神武東征伝承などと何らかの関係があるのか、どうか。伝承と矛盾しない地中からのメッセージは、謎とロマンを広げたことだけは確かである。

王権の奥津城

大和古墳群中最大の西殿塚古墳は台与《とよ》の墓にも比定される古い古墳。三世紀後半か、いくら遅れても四世紀初めごろまでに築造されたことは確実なのに、宮内庁の陵墓治定では、継体《けいたい》天皇の皇后の手白香《たしらか》皇女の衾田《ふすまだ》陵とされている。

継体天皇在位は六世紀前半、亡くなったのは五三一年説と五三四年説があるが、どちらにしても二百年以上の開きがある。治定が間違っていることは動かしがたい。

白石太一郎氏は、北西すぐのところにある西山塚古墳を真の手白香皇女陵と指摘した。いま、ほとんどの研究者がそう考えている。全長一一五メートルの前方後円墳で、水をたたえた周濠が巡る。墳丘から採取される埴輪片は六世紀前半のもので、年代的にも矛盾はない。

大和古墳群には、三―四世紀の前期古墳が集中する。全長百メートルを超える六世紀の古墳はこの西山塚だけで、継体天皇の皇后のためにあえて造ったと考えざるを得ない。

継体は、武烈《ぶれつ》天皇亡き後、王朝断絶をまぬがれるために越《こし》（北陸地方）で見い出された大王だった。応神《おうじん》天皇五世の孫と伝承される。大和入りを果たして磐余玉穂宮《いわれのたまほのみや》を構えるまでに十二年も要し、それまで王宮を三か所も転々とした、と伝える。

対して皇后は、先々代の仁賢《にんけん》天皇の皇女。皇后の墓をあえて、大和王権の奥津城である大和古墳群内のまん中に造営することによって新王朝の正統性を主張しようとした―とみていい。

おおやまとは時代を超えて王権の葬地だった。特別に神聖視された「王権の奥津城」だった。

和田萃氏も同じ考えを示し、西殿塚古墳を大和王権の初代の王、ミマキイリヒコ（崇神天皇）の墓と考える。

なお、付近は柿本人麻呂《かきのもとのひとまろ》が亡き妻を葬ったときに詠んだ「衾道《ふすまじ》を引き手の山に妹を置き山路を行けば生けりともなし」の舞台である「裳道《ふすまじ》」の伝承地。

「裳道」の「裳」は寝具のこと。平野部から眺めた時、連なる青垣山の山ひだは、「眠る王族たち」にかけられた寝具のひだのようにも見えるのは思い過ごしだろうか。

ワン・ポイント

ヤマトタケルの東征

『日本書紀』によると、十二代・景行《けいこう》天皇は、即位十二年目に熊襲《くまそ》平定に出発した。周芳《すおう》（山口県）の沙麼《さば》（防府市あたり）から小倉へ入り、福岡、大分、宮崎県を経て鹿児島県北部まで九州東部を南下、さらに、熊本、佐賀県を経て的邑《いくはのむら》（福岡県浮羽《うきは》郡）へと九州西部を北上して軍を進めた。

景行天皇の熊襲征討は七年を要し、大和に戻ったのは十九年秋だった。それから八年後、今度は皇子の日本武尊《やまとたけるのみこと》を再び熊襲征討に派遣した。尊は十六歳だった。童女の姿に変装して宴席にまぎれ込み、熊襲の首長、川上梟帥《かわかみのたける》を討つなど、華々しい戦果を収めた。

凱旋すると、今度は東国の蝦夷《えみし》平定を命じられ、すぐ出発した。伊勢《いせ》（三重県）から東海道を東に進み、馳水《はしりみず》（浦賀水道）を房総半島に渡り、仙台あたりまで行ってUターン。北関東を経て甲斐《かい》（山梨県）、信濃《しなの》（長野県）に入り、尾張《おわり》（愛知県）を経て伊勢へ帰るコースをとった。

この東征物語には、駿河《するが》（静岡県）の焼津《やきづ》の野で焼き打ちにあい、草薙剣《くさなぎのつるぎ》で危機を脱出した話や馳水《はしりみず》で妾の弟橘媛《おとたちばなひめ》が入水して暴風雨を鎮めた話など、有名なエピソードが織り込まれる。

『古事記』の記述はかなり食い違う。景行天皇の熊襲征討はなく、文字通りの東奔西走は倭建命《やまとたけるのみこと》（『書紀』の日本武尊と名前の書き方も違う）一人がこなした。

倭建《やまとたける》は兄を素手でなぐり殺して、コモに包んで捨て去るような荒い気性だった。

天皇は、こうした倭建を大変警戒したように書いている。休む暇もなく東征を命じられたとき、命は伊勢神宮の倭比売《やまとひめ》を訪ね、「天皇すでに、吾に死ねと思ほすゆえか」と涙にくれた、と記す。『古事記』の方が文学的とされる。

「倭は　国のまほろば　たたなづく　青垣　山ごもれる　倭しうるはし」の「国しぬび歌」は、書紀では、景行天皇が熊襲征討のとき、日向《ひゅうが》（宮崎県）の子湯県《こゆのあがた》で都をしのんで詠んだ、とする。

対して『古事記』では、倭建命が東征の帰路、能煩野《のぼの》で詠んだとする。

伊吹山中で突然の病に倒れ、能煩野で命を落とす倭建命が、目前の倭を想って歌い上げた望郷の歌だった。無念の思いがほとばしり、魂だけ白鳥となって倭に帰る。

ヤマトタケルの西征、東征の物語は、もとより史実ではない。ただ、「ヤマトの勇者」を意味する普通名詞とみて、四世紀半ばごろ、大和朝廷が西国と東国に勢力を伸ばした歴史的事実がある程度反映されているのではないか、との見方は少なくない。

焼津神社境内にあるヤマトタケル像（静岡県焼津市）

東征経路の伝承

ヤマトタケルの東征経路を少しくわしくみてみよう。

『書紀』によると、伊勢神宮に立ち寄った後、駿河に渡り、焼津の野で焼き打ちに遭っている。『古事記』では、伊勢神宮から尾張の美夜受比売《みやずひめ》のもとに立ち寄って、ヒメと婚約を交わした後、相武《さがむ》国（神奈川県）に行って焼き打ちに遭遇した。

静岡県焼津《やいづ》市には焼津神社《やいづじんじゃ》があり、東へ約一五キロ離れた静岡市内には草薙《くさなぎ》神社がある。いずれもこの有名な書紀説話ゆかりの地と伝承する。

焼き打ちに遇った焼津の地を『古事記』が

走水神社にある弟橘媛のレリーフ像（神奈川県横須賀市）

浦賀水道。東京湾の出入口に当たり、ひっきりなしに船が行き交う。向こう岸は房総半島（三浦半島・観音崎より）

「相武《さがむ》」とするのは間違いか、あるいは「相武」は静岡県を含む広い地域の呼称だったのか、それとも伝承の真偽をいうこと自体、そもそもおかしいことなのか。

ヤマトタケルは房総半島に向かって馳水《はしりみず》（『古事記』では走水＝浦河水道）を渡ろうとした。暴風雨で、船は遭難の危機に遭遇する。弟橘媛《おとたちばなひめ》が海に身を投じると嵐は収まり、危機を脱した。記紀に共通するエピソードだ。

神奈川県の三浦半島、横須賀市に走水《はしりみず》神社がある。急な石段を登ると、浦賀水道に向かって弟橘媛を祭るお社が立ち、媛の入水のさまを描いた銅板の顕彰碑などがある。

浦賀水道は、東京湾から太平洋への出入口。晴れた日は、海面は至って穏やか。大型貨物船などが、右へ、左へ、列をなして航行する。向こう岸の房総半島がよく見える。車の走るのが分かるような気がする。それほどの距離だ。人《ひと》身御供《みごくう》をしなければならなかったヤマトタケルの渡航が信じられない。

『書紀』は、ヤマトタケルは海路で房総半島を巡った後、日高見国《ひたかみのくに》まで行って蝦夷を征圧したように書く。日高見国とはどこだったのか分からない。が、常陸《ひたち》（茨城県）を経て帰還したように書いているから福島県か宮城県あたりだったことになる。

常陸国から甲斐国（山梨県）へ入った。筑波山《つくば》のあたりを経て甲斐へ行ったと書くから、関東平野を横断したことになる。

甲斐の酒折宮《さかおりのみや》（甲府市）にしばらく滞在した後、武蔵《むさし》（東京都、埼玉県）、上野《かみつけの》（群馬県）を廻って、碓日坂《うすひのさか》へ至った。群馬・長野県境の碓氷《うすい》峠のことらしい。

ヤマトタケルは、海に身を投じた弟橘媛のことがしきりに思い出され、思わず「吾嬬《あづま》よ」と叫んだ、という。これが、関東諸国を「あづま国」と呼ぶ起源となったとされている。（『古事記』では甲斐国に入る前の足柄《あしがら》山での出来事とされている）

ヤマトタケルは、信濃（長野県）から信濃坂（神坂峠）を超えて美濃《みの》（岐阜県）、尾張（愛知県）に帰還。尾張氏の娘、宮簀媛《みやすひめ》（『古事記』では美夜受比売）を娶《めと》った。

幾月か経て、胆吹山《いぶきやま》（伊吹山＝滋賀・岐阜県境）の荒ぶる神を討ちに出かけ、毒気に当てられた。やっとのことで伊勢の尾津《おつ》を経て能褒野《のぼの》まで辿《たど》り着いたが、力尽きた。

東海道は海路

この東征経路に深い意味を考えたりしない方がいいのは分かっている。架空の人物の架空の物語に史実を探すのはおかしいだろう。しかし、ヤマト王権の勢力範囲、東国に対する意識、古代の交通路などを推測するヒントが数多く潜んでいるような気がしてならない。

交通路について考えてみたい。東国・関東へは、東海道と東山道《とうさんどう》が早くから開かれていたことが東征コースから推測できる。

東海道だが、ヤマトタケルは『古事記』ではいったん尾張に立ち寄っているのに対して、『書紀』では伊勢から直ぐに駿河《するが》に渡っているのが興味深い。

思い起こすのは「笠縫邑《かさぬいのむら》」編で触れた伊勢湾航路だ。志摩半島から伊勢湾口を横切り渥美《あつみ》半島へ向かうか、あるいは同半島沿いに浜名湖・浜松方面へ向かった可能性がある。

もちろんそれは、ヤマトタケルがどのようなコースを取って東国へ向かったかの問題ではなく、古代において、こうした海路も東国へ向かう交通路としてよく用いられた可能性を示唆するのである。

浜松市に伊場《いば》遺跡がある。弥生時代から平安時代までの豊富な遺構・遺物が出土しているが、七一一〇世紀の遺構には役所跡、倉庫群、浜名湖に通じる運河跡などがあり、木簡や墨書土器も大量に出ている。役人が用いたらしい硯《すずり》、水摘《すいてき》、陶枕《とうちん》などの文房具も多く出土している。港湾施設があって、都や西国の文明を東国へ運ぶ結節点のような役割を果たしていたような気がしてならない。

天竜川をさかのぼれば、伊那谷《いな》から諏訪《すわ》への信濃路で、甲斐にも通じる。「遠江《とおつおうみ》や駿河は伊勢の隣にある」という意識は、古代において案外、常識的なものだったのかも知れない。

もちろん、『古事記』が書くように、伊勢から尾張に向かうコースもよく用いられたに違いない。これも海路が結構用いられた可能性がある。江戸時代でも、東海道は桑名から熱田まで海路をとっていた。

『書紀』にも、桑名の港のことを指すと考えられる尾津が登場する。伊吹山の神に襲われたヤマトタケルは、大和に引き返すため、ほうほうの体で尾津まで帰ってきた。

実は、そこは東へ向かった出発地だった。松の根元に置き忘れた剣がそのままあった—というのである。『書紀』では、往路は伊勢湾口を横切ったことになっていたはずで矛盾した話なのだが、ヤマトタケルの行路が問題ではない、古代においても桑名からの海路がよく用いられていたことを教えてくれる。

　伊勢湾に漕ぎ出す港は幾つもあったのだろう。東へ向かうにも、大和へ帰るにも、海路が大いに用いられたのだろう。

　なお、伊吹山は桑名で伊勢湾に注ぐ揖斐《いび》川の源流にあたるが、揖斐川はかなり上流まで舟が航行できたはずだ。

　一方、関東においても、相模《さがみ》から浦賀水道を巡って房総半島

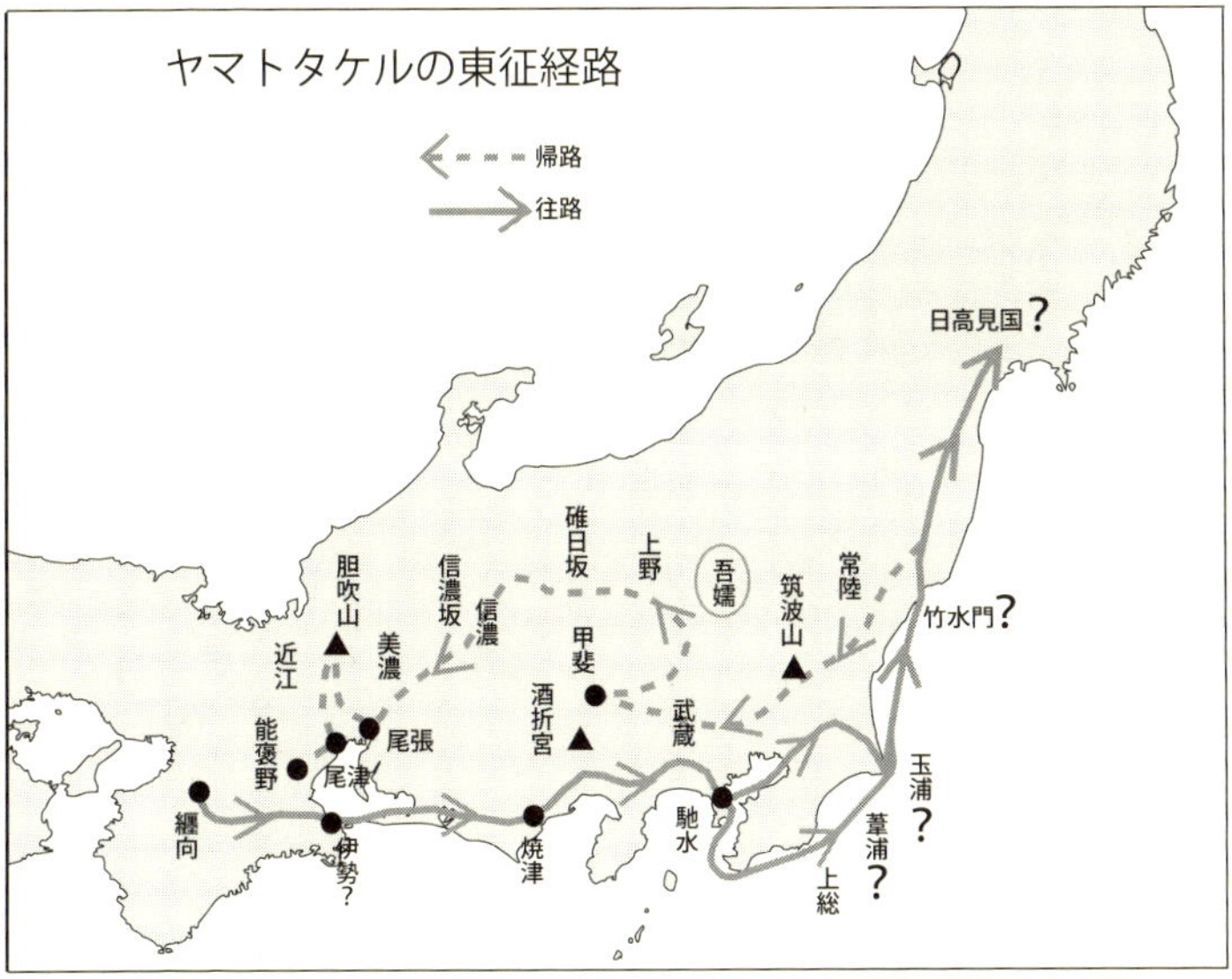

へ、さらに常陸へ、東北へといく海路が大いに開けていたようだ。

この「海の路」は、関西方面から、千葉へ行くにしても、水戸へ行くにしても、いったん東京へ向かうのが常識の現在からすれば少し奇異に映る。

江戸へ向かったのは松並木の東海道、東京へ行くには東海道新幹線と思い込んでしまうのはよくないかも知れない。古代の東海道は文字通り「海の道」だったのかも知れない。

中山道は最短ルート

常陸から筑波を経て甲斐に入り、武蔵、上野を経て碓氷峠へ向かったヤマトタケルの帰還コースも興味深いものがある。

いまなら、常磐《じょうばん》線で上野へ出るか、あるいはつくばエキスプレスで秋葉原へ出て、中央線でまっすぐ西に甲府へ向かうルートだ。新宿から「あずさ」に乗ると速い。

甲斐から武蔵へというのは恐らく秩父《ちちぶ》越え。上野《かみつけの》（群馬県）からは碓氷《うすい》峠を越えて信濃路へと入った。碓氷峠の下はいまは長野新幹線が突っ走り、軽井沢駅にほど近い。

信濃路を経て神坂峠《かみさか》越えで美濃・尾張へ戻るルートは後の中山道《なかせんどう》だ。険しい山越えが続くが、地図を広げてみれば、群馬の近さに驚かされる。実際、名古屋からJRを利用して長野経由で前橋へ行く運賃は、東京回りで行くよりうんと安い。JRの運賃は距離に比例することはいうまでもない。

山越えの悪路をいとわなければ、中山道こそ西国と関東を結ぶ最短ルートだったのだ。

ヤマトタケルは伊吹山の神の毒気に襲われ、能褒野で命尽きる。不破《ふは》の関と亀山の関、東国と西国とを分ける二つの関を越えて戻ることができなかったのである。

古代においては、この二つの関と大和から伊勢湾や伊勢神宮に向かう最短ルート上にある川口関《かわぐちのせき》（三重県津市白山町）の東側を「関東」と呼んだ。そして、大和に都を置いたヤマト王権＝倭国は、「関東」をいかにさん下に組み込んでいくかに意を注ぎ、国づくりの最大のポイントでもあった。

9 布留《ふる》——石上《いそのかみ》神宮と物部《もののべ》氏

垂仁《すいにん》天皇と皇后・日葉酢媛命《ひばすひめのみこと》の間には三男二女があった。一番上を五十瓊敷命《いにしきのみこと》、次を大足彦尊《おおたらしひこのみこと》といった。

三十年の春正月、天皇は二人の皇子に「それぞれ欲しいものを言いなさい」と問うた。

兄王は「弓矢」を、弟王は「皇位」を希望した。天皇は「望み通りにしよう」と許した。

〈巻第六・垂仁天皇〉

弟王の大足彦尊《おおたらしひこのみこと》は後に第十二代景行《けいこう》天皇となる。一方、「弓矢」を得た兄王の五十瓊《いに》敷命《しきのみこと》は、軍事面をつかさどったのだろう。ただ勇ましい姿を描く記事は見当たらず、武器の管理に当たったことを伝える。

五十瓊敷命は、茅渟《ちぬ》の菟砥《うと》の川上宮にいた。垂仁三十九年の冬、剣一千口を作って石上神宮《いそのかみじんぐう》に納めた。以後同神宮の神宝を掌《つかさど》るようになった。

〈巻第六・垂仁天皇〉

王権の武器庫

石上《いそのかみ》神宮は、天理市布留《ふる》町にあり、杉の古木に囲まれた境内は、神さびた雰囲気に満ちる。現社殿は大正二年に造られた。本来は大《おお》神《み》神《わ》社同様、社殿のない神社だった。大和でも古社中の古社だ。

大和朝廷の武器庫だった、といわれる。『日本書紀』には、五十《い》瓊《に》敷命《しきのみこと》の剣一千口納入のほかにも石上神宮と武器のかかわりを示す記事がある。

石上神宮

天武《てんむ》天皇三年（六七四）には、忍壁《おさかべ》皇子が神宮に派遣され神宝を磨いている。肉脂の固まりである膏油《こうゆ》で磨いた、としており、神宝というのは刀剣などの武具類だったとみていい。

忍壁皇子は天武の子で、飛鳥の高松塚古墳やマルコ山古墳の有力被葬者候補に挙げられてきた。大和朝廷と石上神宮の強いつながりと、朝廷がいかに神宮の武器類を大切にしていたかがうかがえる。

『日本後記』には、延暦《えんりゃく》二十四年（八〇五）、十五万七千余人を動員して神宮の兵器をごっそり平安の新京に運搬した、という記事がある。直後に天皇が重病をわずらったことなどから「たたり」とされ、翌年返還した、と伝えている。それにしても、十五万人以上の人々が運んだ武器とは、どれほどの量だったのだろうか。

武器類は天神庫《あめのほくら》に納められていた、という。いまも、禁足地の中に神庫が建つ。高床式の校倉《あぜくら》造り。江戸時代のものだが、古代には、こうした倉庫がズラリ並び建っていたのだろうか。

タマフリの社

神武《じんむ》東征説話の中に、熊野の神の毒気に当たり、動けなくなってしまった神武軍が、高《たか》天原《まがはら》から高倉下《たかくらじ》（熊野の人）のもとに降ろされた一振の剣の霊力によって精気を取り戻し、進軍を再開したという話がある。

『日本書紀』はこの霊剣のことを「韴霊《ふつのみたま》」と書く。『古事記』では、「横刀《たち》」と書き、その名を「佐《さ》士《じ》布都《ふつ》神」、あるいは「甕《みか》布都《ふつ》神」、また名を「布都御魂《ふつのみたま》」といい、「石上神宮にある」と書いている。

故森武雄宮司が、「みなさん、武器庫とおっしゃるが、単なる兵器の集積地ではありませんよ」と、繰り返し強調していたのを思い出す。

森宮司によると、「布都御魂《ふつのみたま》」こそ石上神宮の祭神なのである。「フツ」とは物を断ち切る断声で、剣の切れ味に感嘆したことば。霊格化するとミタマ、さらに神格化するとフツノミタマになる。「祓」にも通じ、邪霊をはらい、魂をふるい立たせる威力、ということだった。

『延喜式』に記す同神宮の名称は石上布留

御魂神社。布留社、振神宮《ふるじんぐう》などの呼び名もあり、「フツ」は「フル」のことでもあるらしい。

この「フツ」や「フル」は、「神霊の降臨」などを意味する朝鮮語の「プル」からきているとの説もある。

石上神宮は「タマフリの社」とも呼ばれ、独特の「タマフリ」の呪法《じゅほう》を伝える。「タマフリ」は「招魂」「鎮魂」などと書く。万物の魂を振り動かして生きる活力を与えること、という。

十一月二十二日の鎮魂祭には、真《ま》っ暗闇《くらやみ》の本社拝殿で呪文《じゅもん》を唱えながら勾玉《まがたま》に麻のヒモを巻きつける神事がいまに伝えられているという。森宮司は「玉に万物万民の魂をいわい込め、安泰を祈る秘伝の神事」と解説しておられた。

五十瓊敷命《いにしきのみこと》が、妹の大中姫に
「私は年老いたので神宝を掌《つかさど》ることができなくなった。これからはお前に任せたい」

と言った。姫は、

「私はか弱い女。どうして天神庫《あめのほくら》に登ることができましょうか」

と辞退した。

命は、

「神庫《ほくら》は高くとも、私が梯子《はしご》を作ってやろう。登るのに困ることはない」

と説得した。ついに姫は承知し、物部十《もののべのとお》千根大連《ちねのおおむらじ》に神宝を治めさせた。これによって、物部連らが石上の神宝を治めるようになった。

〈巻第六　垂仁天皇〉

物部氏の布留遺跡

五十瓊敷命が石上神宮に剣一千口を納めてから四十八年後のことだった。古代の有力豪族、物部氏が石上神宮を祭祀することになったきっかけを『書紀』はこのように記す。

石上神宮と物部氏との関係は深い。古代、神宮は物部氏が祭祀《さいし》していた。物部氏の氏神だった。そして、神宮の周辺地域は、物部氏の拠点だった。

神宮の西方一帯、天理教本部や天理大学の建物が建ち並ぶ布留川に沿う高台は、縄文時代から弥生、古墳時代へと連綿と続く一大集落遺跡。布留遺跡と呼ばれる。

なかでも特に注目されるのは古墳時代の遺構、遺物だ。

布留の里。天理教の「おぢば」には古代遺跡が眠る

ずっと発掘調査にあたってきた天理大学の置田雅昭氏によると、布留川左岸から五世紀ごろの豪族居館跡が見つかっている。二〇〇

メートル四方ほどの屋敷内には、掘っ立て柱の建物や高床の倉庫が建ち並んでいたことがうかがえた。南側の斜面は貼り石できれいに化粧。西側には、『書紀』の履中《りちゅう》天皇紀に記す「石上溝《いそのかみのうなて》」とも推定できる、幅一三メートル、深さ二メートルもある南北大溝。かなりの権力者が居住していたらしいことをうかがわせた。

大溝や自然流路からおびただしい量の祭祀関係遺物が出土した。管玉《くだたま》、勾玉《まがたま》、臼玉《うすだま》、有《ゆう》孔円板《こうえんばん》など玉類の出土数は四千点を超える。銅鏡、ミニチュアの農具、剣や斧《おの》をかたどった滑石《かっせき》製品、木製刀装具なども多数。八百点以上の祭祀用品を一括投棄していた穴なども発掘された。

馬の歯も多数。六十頭分を上回る。古代、雨乞いに馬や牛を殺して献納する慣わしがあったというが、水の神に供えたイケニエ

布留遺跡出土の木製刀装具類
（天理教埋蔵文化財調査団提供）

だったのか。

古墳とは無縁の場所から朝顔形や円筒形の埴輪が出ている。古墳祭祀とは違う、特別な祭りの供献台に用いられたことをうかがわせた。

いま、布留遺跡の上には天理教の教会本部がある。天理教が「人間創造の根源の地、人類の生まれ故郷」と説く「おぢば」だ。世界的聖地は、千数百年以前から特異な宗教の府だったのか。

十の品部

出土品の玉類や木製刀装具など祭祀用品には、未完成のものが少なからず含まれていた。フイゴの羽口や鉄滓も見つかり、祭祀の場所と同時に生産地でもあったことをうかがわせた。

これについて置田氏は、「五十瓊敷皇子が石上神宮に大刀一千口を納めたとき、十の品部を賜った」とする垂仁紀の記事との関連に注目する。

品部とは職能集団のこと。記事中に列挙された十の品部とは、楯部《たてぬいべ》（楯作り）▽倭文部《しとりべ》（機織り）▽神弓削部《かむゆげべ》（弓作り）▽神矢作部《かむやはぎべ》（矢作り）▽大穴磯部《おおあなしべ》（不明）▽玉作部《たますりべ》（玉造り）▽神刑部《かむおさかべ》（刑事集団）▽日置部《ひおきべ》（炭焼き）▽大刀佩部《たちはきべ》（軍人集団）▽泊橿部《はつかしべ》（土器作り）。

大穴磯部は、「穴磯《あなし》・長岡岬《ながおかのさき》」編でみたように鉄鉱石の採掘や鉄づくりに関係あるのかも知れない。置田氏は、「布留遺跡からはすべての職業集団に適合する遺物が出土している」（『大神と石上』）という。

布留遺跡の出土遺物が五十瓊敷命が賜ったとされる十の品部に本当に関係あるとする

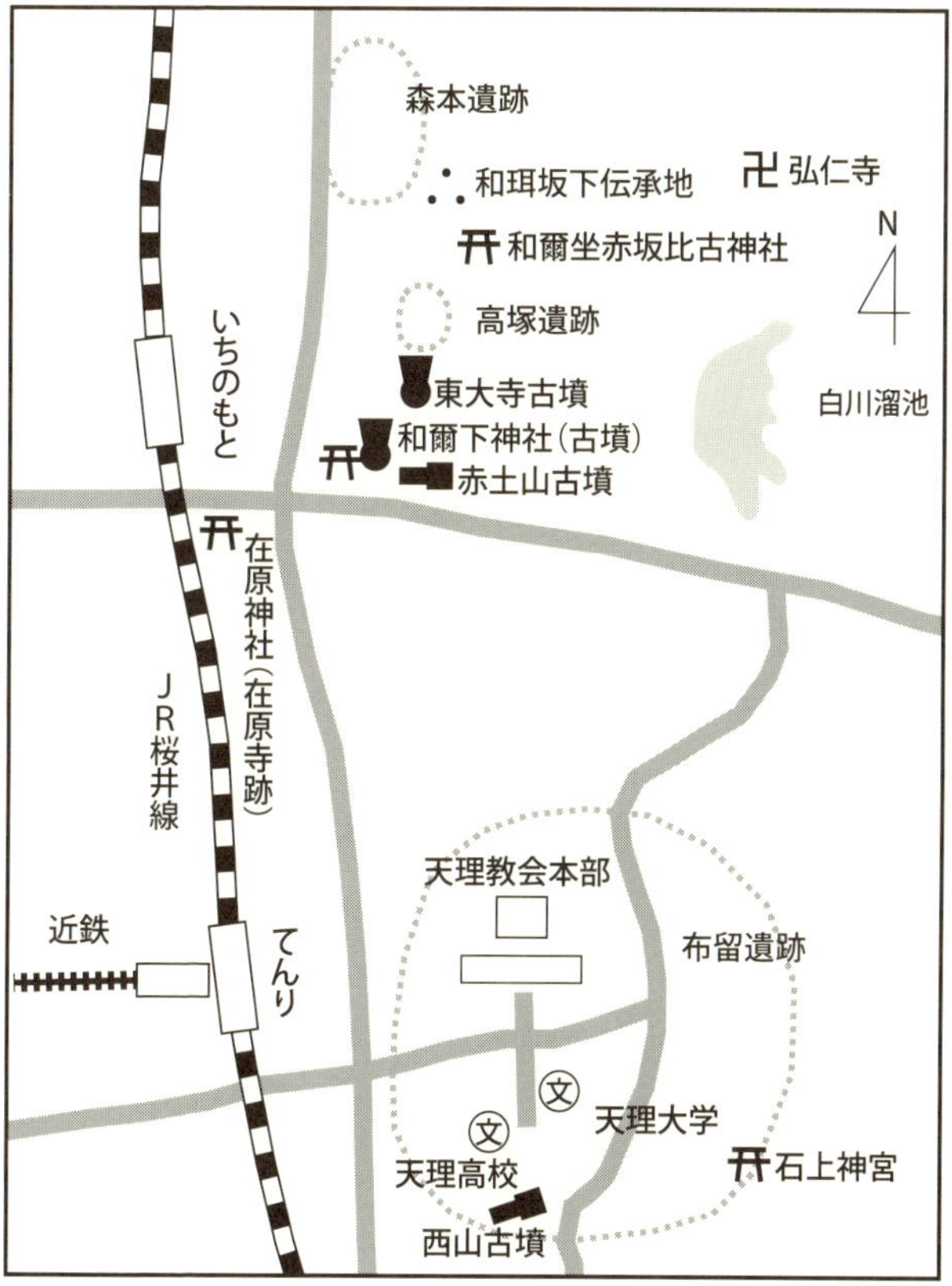

と、五十瓊敷命は王朝の武器庫や石上神宮の神宝を管理したばかりではなく、武器や神宝を作る人々を率いて石上神宮の周辺に住んでいたという史実を物語ることになる。『書紀』の記事の信憑性を証明することにもなる。

聖地・布留の古代史は広くて、深い。

ワン・ポイント

七支刀と七枝刀

石上《いそのかみ》神宮には、名高い七支刀《しちしとう》（国宝）が伝わる。長さ七四・八センチ。名前は刀だが、左右に三本ずつ枝刃を作り出す奇妙な形の鉄剣だ。「大和朝廷の武器庫」を今に物語る象徴的存在でもある。

表と裏に金象眼《きんぞうがん》で六十数文字の銘文が刻まれている。

〈表〉泰和四年五月十六日丙午正陽　造百練鉄七支刀　□辟百兵　宣供供
候王□□□□作

〈裏〉先世以来・未有比刀　百済王世子奇生聖音故為倭王旨造　伝示□世

この銘文を最初に世に紹介したのは、明治初期に宮司を務めた菅政友《かんまさとも》だった。禁足地を発掘した明治七年前後に錆《さび》を落とし、銘文を浮き上がらせた。

読み下し方や解釈には、いろんな説がある。

〈表〉は、「泰和《たいわ》四年五（あるいは正）月十六（あるいは一）日の丙午正陽《へいごしょうよう》（吉祥句）に、百練《ひゃくれん》の鉄（鍛えあげた鉄）で七支刀を造る」と読める。

冒頭の「泰和《たいわ》」を「泰始《たいし》」や「泰初《たいしょ》」とする説もあったが、昭和五十六年に奈良国立文化財研究所が行ったX線撮影などで禾偏が確認され、中国・東晋の年号の泰和四年（三六九年）に制作されたことが確実視されるようになった。

次は、「出《すすみ》て百兵を辟《さ》け」や「以って百兵を辟け」などの読み下しがあるが、意味に大差はない。

その次は、「宜《よろ》しく候王に供供すべし」、「供供（恭々）たる候王に宜し」など各説がある。

末尾は、作者名か制作地名とされる。

〈裏〉は、「先世以来未だこの（ような）刀有らず」までは問題ない。

七支刀（国宝）

献上か下賜か

問題はその次。「百済王と太子は生を御恩に依っている故に、倭王の上旨によって造る。永くこの世に伝わるであろう」と読む説、「百済王の世子奇生聖音、倭王旨の為に造り、後世に伝示する」と読む説、「百済王の世子が倭王旨の為に造る。後世に伝示せよ」と読む説などが入り乱れている。

読み方によって、この七支刀は、百済王《くだら》（あるいは太子）から倭王に「献上」したとも、対等的立場で「贈与」したとも、あるいは「下賜」したとも解釈できる。つまり、当時のわが国（倭国）と百済との立場、関係を現代に語りかけるのである。

かつては献上説が有力で、四世紀後半に日本が百済を服属させていた証拠とされた。そして、『書紀』の神功皇后紀の「三韓征討」の記事中に「七枝刀《ななつさやのたち》一口、七子鏡《ななつこのかがみ》一面、及び種々の重宝を献る」と記す「七枝刀」にあたる、とされてきた。

ところが、神功皇后紀には「七枝刀は谷那《こくな》の鉄山の鉄を取って作った」と書かれているのに対し、石上神宮の七支刀の方は鉄の成分分析で砂鉄から作られたことがはっきりした。「谷那の鉄山」から取れるのは鉄鉱石。これによって、

「石上神宮の七支刀」イコール「神功《じんぐう》紀の七枝刀」説は否定されることになった。

同時に、神功皇后紀をよりどころとしていた「献上説」は大きく揺らいだ。

最近では、韓国の研究者らが「下賜説」を強く主張、わが国の研究者の間でも「対等贈与説」、ないし「下賜説」が強まりつつある。

石上神宮は、「謎の四世紀」の国際関係にまつわる大きな謎を秘める。

10 和珥坂《わにのさか》―出陣の祭祀、北陸への坂

崇神《すじん》天皇十年の九月、天皇は、大彦命《おおびこのみこと》を北陸に、武渟川別《たけぬなかわわけ》を東海に、吉備津彦《きびつひこ》を西道に、丹波道主命《たにわのみちぬしのみこと》を丹波に遣わした。四人に印綬を賜り、将軍に任命した。

大彦命が和珥坂《わにのさか》の上まで来たとき、一人の少女が歌を歌った。

「天皇は、自分の命をうかがう者がいるの知らずに若い娘と遊んでいるよ」

というような内容だった。

大彦命はとって返してこのことを奏上した。天皇のおばの倭迹迹日百襲姫《やまとととひももそひめ》はただちに不吉を悟り、

「武埴安彦《たけはにやすひこ》とその妻の吾田媛《あたひめ》が謀反《むほん》を起こす前兆」

と予言した。

予言は当たり、まもなく二人は軍を起こし、武埴安彦は山背（京都府）から、吾田媛は大坂から攻め込んできた。

大坂へは、五十狭芹彦命《いさせりひこのみこと》を派遣して吾田媛の軍を全滅させた。

一方、山背へは大彦命と和珥臣《わにのおみ》の遠祖である彦国葺《ひこくにぶく》を派遣した。和珥の武鐰坂《たけすきのさか》に忌瓮《いわいべ》を据え、神祭りを行って、那羅山《ならやま》へ出陣した。

泉河《いずみかわ》（木津川）をはさんで武埴安彦軍と対峙《たいじ》。やがて彦国葺《ひこくにぶく》が武埴安彦を射殺し、多くの兵士を斬った。一部の兵士は樟葉《くすば》（大阪枚方市）あたりまで逃げた。

四道将軍・大彦命

初期ヤマト王権は、決して天下泰平ではなかったようだ。疫病の流行や祟《たた》り神に悩まされるだけでなく、軍事的な緊張も相当なものだったらしい。各地に「四道将軍《しどうしょうぐん》」を派遣する一方、反乱軍の征圧にも苦労したようすがうかがえる。

四道将軍の記事は、そのままうのみにはできない。ただ、ヤマト王権が版図《はんと》拡大時に各地に軍を派遣して征圧、支配を拡大した歴史的事実を下敷きにしていることは疑えない。軍には指揮官である将軍がいた。

記紀の伝えによると、北陸に派遣された大彦命《おおびこのみこと》（『古事記』では大毘古命）は孝元《こうげん》天皇の子とされる。東海に派遣された武渟川別《たけぬなかわわけ》（『古事記』では建沼河別）はその息子で、遠征を終えた父子が出会ったところが福島県の会津《あいづ》、地名の起源になったと伝える。

どこまで信じていいのか分からない話だが、埼玉県行田《ぎょうだ》市の稲荷山《いなりやま》古墳から出土した辛亥銘《しんがいめい》鉄剣には、この古墳の被葬者だったとみられる「オワケノオミ」の「上祖」として「オオビコ」の名前が見える。

この「オオビコ」が、四道将軍の大彦（大毘古）のことをいっている可能性が銘文発見当時からいわれている。大彦（大毘古）の子孫が関東を含む東国各地の支配者になった、と解釈できなくもない。

武渟川別は、天智《てんち》朝に水軍を率いて百済救援に向かった阿倍比羅夫《あべのひらふ》、遣唐使の阿倍仲麻呂《あべのなかまろ》、陰陽師の安倍晴明《あべのせいめい》などを輩出した阿倍《あべ》（安倍）氏の始祖とされるが、前九年の役（十一世紀中ごろ）で源氏と戦った安倍《あべ》頼時《よりとき》・貞任《さだとう》父子など奥州安倍氏もこの流れをくむ可能性がいわれる。

四道将軍伝承は、あながち架空の物語として切り捨てられないものがある。

北陸道への起点

大彦命は、北陸遠征に先立って、北と西から大和を襲撃しようとする反乱軍の鎮圧に当たった。反乱の情報を得て出陣するにあたり、戦勝を祈願した地として登場するのが和珥。山の辺の道の北のルート沿いの天理市和《わ》爾《に》町あたりがその候補地だ。

大彦命が少女の歌を聴いたという和珥坂《わにのさか》や出陣祭祀を行った武鐰坂《たけすきのさか》が実在するわけではないが、丘陵斜面に位置する和爾の集落には確かに坂が多い。

集落のまん中には和《わ》爾《に》坐《にます》赤坂《あかさか》比古《ひこ》神社がある。同社は、東大寺・二月堂のお水取りの「神名帳《しんめいちょう》」に登場する「和爾大明神」にあたるとされる。集落北はずれの畑の中には「和珥坂下伝承地」の碑が立つ。

昭和六十年の秋、和爾集落のすぐ南側の高台（高塚遺跡）から、「神社のルーツか」と注目された特異な遺構が発掘された。

四メートル四方ほどの掘っ立て柱建物が大きな広場に向かって南面、周囲を丸柱の柵列が囲っていた。付近からは多数の祭祀用高坏《たかつき》が出土。調査を担当した天理市教委は、春日造りの神殿のような建物を中心とした祭祀遺構と判断した。

六世紀後半から七世紀初頭ごろのものだっ

たが、神社をほうふつさせる遺構例としては最古。「出陣の祭祀」の場、和珥坂の伝承地近くだけに興味の尽きぬ発掘成果だった。

　和爾集落一帯に広がる和爾・森本遺跡は弥生時代中期から古墳時代後期までの複合遺跡。古墳時代の農具であるナスビ形スキなど多数の木製品が出土している。

「和珥坂下伝承地」の碑
(天理市和爾町)

一枚板で作った立派な観音開きの扉が出土した。建物の外側にあたる方に閂《かんぬき》を通す穴が

和爾集落。坂が多い。

作られた不思議なもので、神社の神殿建築の扉とも推測できなくはなかった。斎串《いぐし》（祭具）も多数出土、何らかの祭祀と関係ある遺構であることを示唆した。

大彦命の北陸遠征にあたって行われた出陣祭祀がなぜ和爾の地で行われたか、和珥坂や武鐰坂《たけすきのさか》の伝承とはいったい何なのか―長い間、理解できなかったが、最近になって、和珥坂伝承地がある和爾集落のあたりこそ大和王権の中枢部から北陸方面へ向かう出発地ではなかったか、と気が付いた。

大和平野から北陸方面へ行くにはいったん京都府へ出るものと思い込んできた。しかし考えてみれば、都祁《つげ》（現在は奈良市）、山添《やまぞえ》、月ヶ瀬（現在は奈良市）などの大和高原を越えれば伊賀、甲賀を経て湖東を米原へ出る。米原から東に向かえば中山道で北に向かえば北陸道だ、と気付いたのだ。

和爾集落。雲の方向に登っていけば、大和高原を経て北陸道や中山道へ出る。

いまは、都祁、山添の大和高原から伊賀盆地へ名阪国道が横断する。関西と中部を結ぶ大動脈だ。大和平野から三重県や名古屋へ車で行く場合、一番良く利用する。

名阪国道は、和爾集落の南側から東側へ、ヘビがとぐろを巻くように大和高原へ駆け登る。名阪国道ができるまでは、五ヶ谷（奈良市）から福住（天理市）へ登っていた。和爾集落は、弘仁《こうにん》寺のあたりを経てその五ヶ谷を登る街道へ入るちょうど入口にあたるのである。菩提仙《ぼだいせん》川をさか上って、正暦《しょうりゃく》寺のあたりを田原の里（奈良市）へ登るコースもあったかも知れない。

和爾集落のあたりに大和王権の北陸道、中山道への起点があったことをかすかに伝えるのが「和珥坂」伝承ではないだろうか。

和珥・春日系氏族の拠点

和爾集落の南には和爾下《わにした》神社（櫟本《いちのもと》町）がある。いまは大己貴命《おおあなむちのみこと》などを祭神とするが、かつては、孝昭《こうしょう》天皇の皇子、天足彦国押人《あまたらしひこくにおしひと》命《のみこと》を祀っていた、と伝える。古代豪族の和珥・春日系氏族の祖とされる神である。

このあたり、和爾町、櫟本町を中心とする天理市北部が和珥氏の本拠地だった、といわれる。

和珥は、和爾、丸邇なども書いた。春日、小野、粟田《あわた》、大宅《おおやけ》、柿本《かきのもと》なども同族だった。一族からは、遣隋使の小野妹子《おののいもこ》、万葉歌人の柿本人麻呂などを輩出している。

和珥・春日一族は、多くの皇妃を出し、外戚として権勢を誇った。

一夜で妊娠したので天皇に疑われたという

エピソードが雄略紀にある春日和珥臣深目《あすがのわにのおみふかめ》の娘、童女君《おみな》、その子で仁賢《にんけん》の皇后となって武《ぶ》烈《れつ》天皇らを産む春日大娘《かすがのおおいらつめ》、その子で継体《けいたい》の皇后となって欽明《きんめい》を産む手白香《たしらか》皇女などがよく知られる。

　故・岸俊男氏によると、和珥・春日一族出身の后妃は、応神《おうじん》天皇以降だけをみても、応神、反正《はんぜい》、雄略、仁賢、継体、欽明、敏達《びたつ》の七天皇に九人を数える。

　これは、大豪族、葛城《かずらき》氏の四天皇（応神、仁徳《にんとく》、履中、雄略）の四人をはるかに上回り、六、七世紀に外戚として絶大な権勢を誇った蘇我《そが》氏の六天皇（欽明、用明《ようめい》、舒明《じょめい》、孝徳《こうとく》、天智《てんち》、天武《てんむ》）の九人に匹敵する数字だ。

　和珥・春日系氏族が最も栄えたのは「応神王朝」末期から継体朝あたり、五世紀後半から六世紀はじめごろまで。葛城氏が没落してから蘇我氏が台頭するまでの間に頭角を現した氏族だった。

和爾下神社。古墳の後円部墳丘上に建つ。

　氏族の始まりはいつごろまで逆上れるもの

なのか、初期ヤマト王権内でどのような立場にあったのか、難しいところだが、和爾・櫟本付近には、四世紀代の前期古墳がいくつかある。

和爾下神社は、全長一一〇メートル、かなり大きな前方後円墳（和爾下神社古墳）の後円部墳丘上に造られている。その東約五百メートルには全長九〇メートルの前方後円墳、赤土山《あかつちやま》古墳がある。

和爾下神社の東北、和爾集落の南の丘陵地にある東大寺山古墳は全長一四〇メートルもある前方後円墳。昭和三十六年の発掘調査で、長さ七・四メートルの長大な割竹型《わりたけがた》木棺を安置する前期古墳と確認され、二十振の鉄刀、九口の鉄剣をはじめとする豪華な副葬品が出土した。

環頭大刀の一振に、金象眼《きんぞうがん》で「中平□□五月丙午造作□□百練清□上応星宿□□□□」の銘文があった。「中平銘鉄刀《ちゅうへいめい》」として名高い。

「中平」は中国・後漢末の年号（一八四―一八八年）で、この大刀は二世紀末に中国で制作されたらしい。ただ、環頭部分は日本での後補で、同古墳の築造はいくら早くみても四世紀末ごろとみられ、大刀は二百年以上も伝世してから副葬されたことになる。

二世紀末といえば日本ではまだ弥生時代。二百年以上の年月の間に、どのような経路でこの地にもたらされ、埋められることになったのだろうか。邪馬台国の所在地や初期ヤマト王権の成り立ちを考える上でも見逃せない史料であり、大きな謎を秘める。

これらの古墳をひっくるめて東大寺山古墳群と呼ばれる。和田萃氏は、このあたりに「四世紀末から五世紀前半には、のちにワニ氏と称されるようになる勢力があったことは間違いない」(『大系日本の歴史―古墳の時代』)とする。

和爾下神社境内には、万葉歌人、柿本人麻呂ゆかりと伝える柿本寺《かきのもとでら》があった。参道脇にはいまも、人麻呂の墓と伝承する「歌塚」が残る。柿本氏も和珥・春日系の古代豪族だった。

すぐ西側の櫟本町市場には在原《ありはら》神社がある。平安時代の歌人、在原業平《ありはらのなりひら》ゆかりの神社だ。在原寺の跡といわれる。業平はこのあたりに住んでいたといわれる。

櫟本町内を西流する高瀬川のたもとにはかつて、小粋な料亭や旅館が多く、風流豊かな街として知られた。人麻呂や業平の伝統だろうか。

和珥の地は、古代史がギュッと詰まった、山の辺の道の拠点のひとつなのである。

ワン・ポイント

影媛あはれ

石上《いそのかみ》　布留《ふる》を過ぎて　薦枕《こもまくら》　高橋過ぎ
物多《ものさは》に　大宅《おおやけ》過ぎ　春日《はるひ》　春日《かすが》過ぎ
妻隠《つまごも》る　小佐保《をさほ》を過ぎ
玉筍《たまけ》には　飯《いひ》さへ盛り
玉盌《たまもひ》に　水さへ盛り
泣き沾《そぼ》ち行くも　影媛《かげひめ》あはれ

（巻第十六・武烈天皇即位前紀）

影媛《かげひめ》が、恋人を殺された時の悲嘆を歌い上げた歌である。

いきさつはこうだ。

仁賢《にんけん》天皇が亡くなった。大臣《おおおみ》の平群真鳥《へぐりのまとり》は、国政をほしいままにし、王として臨もうとしていた。太子（のちの武烈《ぶれつ》天皇）のために宮を造成するように見せかけ、完成するとすぐ自分から住み込んだ。

そんな中、太子は、物部麁鹿火《もののべのあらかひ》の娘、影媛を妃に入れようとした。海石榴市《つばいち》の歌場《うたがき》でデートした。

真鳥の子の鮪《しび》が割り込んできた。歌のやりとりで、鮪と影姫が以前から情を通じ合っていたことを知った。

太子はまっ赤になって怒った。その夜さっそく、大伴金村《おおとものかなむら》に数千の兵を率いさせ、鮪を那羅山《ならやま》で殺した。

影媛は那羅山に駆けつけた。鮪の殺されるところを目撃した。驚き恐れ、泣き叫び、この歌を作った。

結局、太子と金村は平群氏を攻め滅ぼし、王権の危機を脱すが、即位した武烈天皇は、妊婦の腹を割ったり、人のナマ爪を抜いていもを掘らせるなどした大変な暴君として描かれる。

五世紀末か六世紀初めごろ、新王権、継体天皇が登場する直前の出来事として『日本書紀』に記録される。

影媛は物部氏の娘だった。布留の石上《いそのかみ》神宮付近に住んでいたことが推測される。平群鮪が殺された那羅山は、奈良県と京都府の境の奈良山丘陵付近と考えていい。

影媛は、布留から北へ向かって、山の辺の道をひた走ったことになる。

歌に登場する「高橋」は天理市櫟本《いちのもと》町あたりとされる。タカハシがタカセ

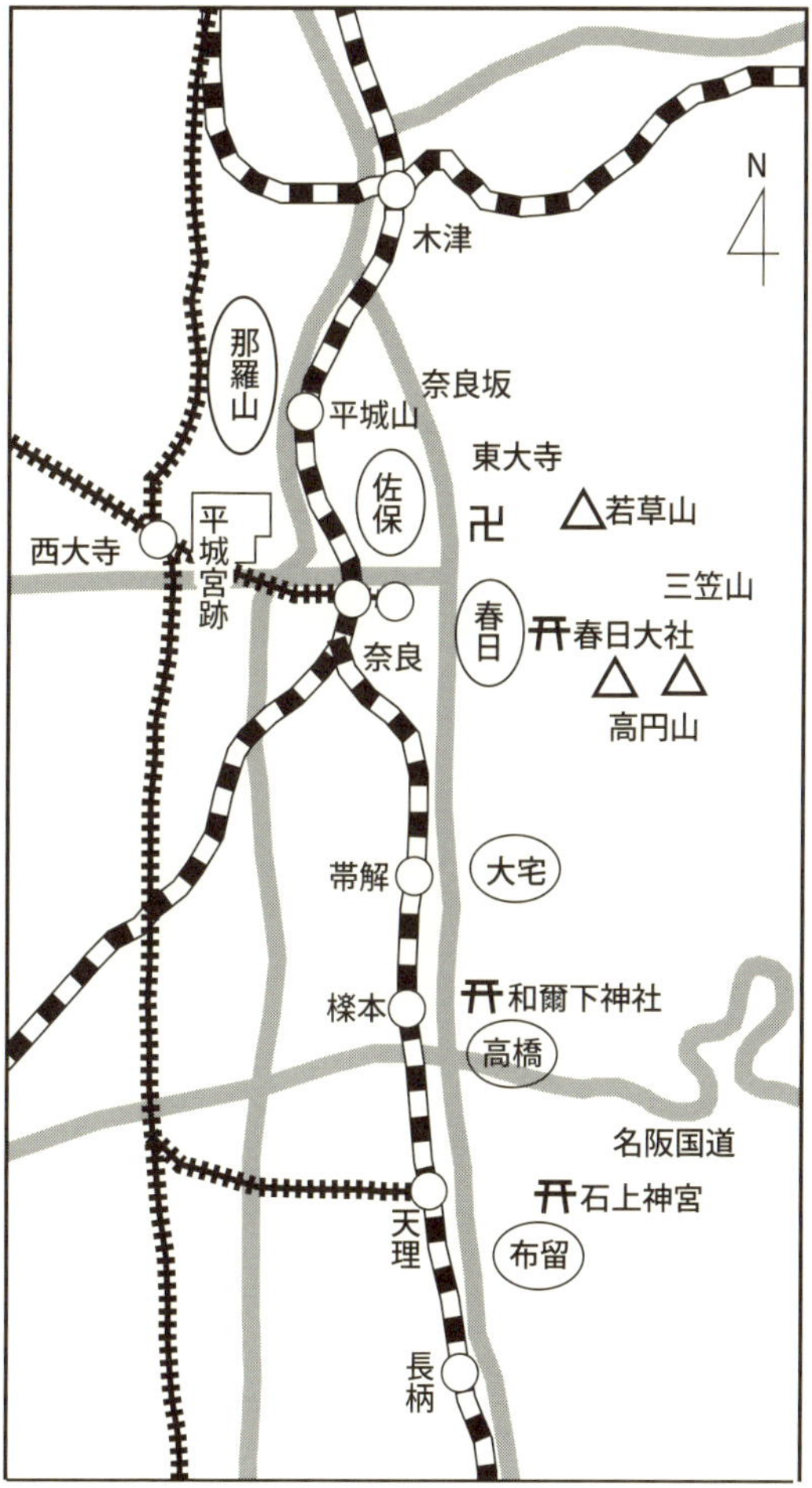

影媛が駆けた道

になったのか。「和珥《わに》」編でみた通り、和珥氏の拠点だった。「大宅《おおやけ》」は奈良市帯解《おびとけ》町付近といわれる。そして春日山麓の「春日」、奈良市街地北寄りの「佐保」。山の辺の道に沿う和珥・春日一族の拠点の地名が四つも歌い込まれている。

和珥・春日系一族は大和平野北東部を本拠としたことが確実なため、次編でみる佐紀・盾列《たたなみ》古墳群の築造と関連づける考えが古くからある。

その場合、和珥・春日氏の勢力は、王権に匹敵する、いや、ある時期においては王権をはるかにしのぐほどであった、と考えざるを得ない。

しかし、直木孝次郎氏が「春日・和珥氏の築く墓としては、佐紀盾列の古墳群は巨大すぎるのではないかと思われる」(『奈良』)とするなど、対応を否定する見解も少なくない。

一方で、滋賀県に和珥村や小野神社があり、京都市に大宅寺や粟田神社があることなどから、和珥系氏族と近江や山背との深いつながりを指摘する向きもある。

和珥・春日系一族の実勢力や本拠地については、なお多く謎や問題を残す。

11 佐保《さほ》・佐紀《さき》──もう一つの王権

　垂仁天皇四年九月、皇后（狭穂姫《さほひめ》）の同母兄、狭穂彦《さほひこ》王が謀反を企てた。ある日、皇后に対し
「兄と夫とどちらを愛しているか」

と問うた。皇后は意味がよく分からず、

「兄の方を愛しています」

と答えた。狭穂彦王は、

「容色が衰えると寵愛《ちょうあい》がなくなってしまう。私が皇位についたらお前と天下に君臨しよう。私のために天皇を殺してくれ」

と、短剣を手渡した。


　翌年の十月のある日、天皇は皇后の膝を枕に昼寝をしていた。皇后は
「兄王が叛《あざむ》くには、今しかない」

と考えた。すると、涙がこみ上げ、天皇の顔に落ちた。目を覚ました天皇は、

「いま夢を見た。錦色《にしきいろ》の小蛇が頸《くび》にまつわりつき、狭《さ》穂《ほ》より大雨が降ってきて顔を濡らした。何の前兆だろうか」。

　これを聞いて皇后は、地に伏して、兄の謀《はかりごと》のすべてを話した。

「罪を訴え出れば兄王を滅ぼすことになり、訴え出なければ国家を傾けることになります。あるときは恐れ、あるときは悲しみましたが、兄の志を遂げるなら今、と思うと涙があふれ、お顔を濡らしたのです。錦色の小蛇は兄から授けら

れた短剣で、大雨は私の涙です」。

天皇はただちに軍を派遣した。狭穂彦は稲を積んで稲城《いなき》を造って抗戦した。皇后は
「兄が滅亡してしまっては、何の面目あって天下に臨むことができるでしょうか」

と、稲城の中に入っていった。天皇の軍は火を放って稲城を焼き払い、兄と妹は焼け死んだ。皇后は間際に、

「天皇の御恩は忘れません」

と、後宮に丹波道主王《たにはのちぬしのおおきみ》の五人の娘を入れるよう言い残した。

〈巻第六・垂仁天皇〉

垂仁紀には大和平野北部地方に関わる話が多い。このエピソードに登場する狭穂姫・狭穂彦の「狭穂《さほ》」も「佐保《さほ》」のことらしい。

エピソードをそのまま信じることはとうていできない。ただ、奈良市北部の佐保川流域あたりを本拠地とした勢力が、王権と争い、武力で攻め滅ぼされたというような史実はあったのではないだろうか。

垂仁天皇の実在自体が確実ではないから、いつの頃か、はっきりしたことは分からないが、『日本書紀』の全体の流れからいえば、三輪山周辺地域に初期ヤマト王権が誕生して間もない頃ということになる。四世紀代と考えていい。

記紀には「佐保の勢力」を具体的に説明する記事はなく、その実態、実力は分からない。ただ、このエピソードから、皇后を輩出するような立場、勢力があったことがうかが

える。謀反によって大王権をも狙える力を備えていた、とも読み取れる。

大王権には不気味な存在ではなかっただろうか。「佐保戦争」は、もしかしたら、四世紀初めごろの倭国の覇権をかけた一大決戦だったのかも知れない。

佐紀盾列古墳群

気になるのは、佐紀盾列《さきたたなみ》古墳群の存在である。

平城宮跡北方の丘陵地に形成される大古墳群だが、平城宮あたりからは盾《たて》を並べたように意識されたのだろうか。成務《せいむ》天皇陵を『日本書紀』は「狭城盾列陵《さきのたたなみのみささぎ》」と記し、その名称はすでに奈良時代に存在したことは確実だ。


全長二〇〇メートルを超す巨大前方後円墳だけで七基を数える。

西のグループは、神功《じんぐう》皇后陵（五社神《ごさし》古墳）、成務《せいむ》天皇陵（佐紀石塚山古墳）、日葉酢《ひばす》媛《ひめ》陵（佐紀陵山《さきみささぎやま》古墳）など。

歌姫街道をはさんで東のグループは、磐之媛《いわのひめ》陵（ヒシアゲ古墳）、コナベ古墳、ウワナベ古墳などが横たわる。平城《へいぜい》天皇陵（市庭《いちにわ》古墳）も、平城宮の造営で前方部が削平されて円墳の形をしているが、本来は全長二五〇メートル程の前方後円墳だったことが、発掘調査で確認されている。

ここの巨大古墳はほぼこぞって、満々と水をたたえる周濠を備える。壮観だ。

この佐紀盾列古墳群は、三輪山周辺地域に巨大古墳が次々と築かれた時代に引き続く時代に造営が開始された。古墳の規模は一回り大きくなった。「河内王権」の古市《ふるいち》古墳群や百舌鳥《もず》古墳群と時代的に重なる古墳もあるが、少なくとも数十年間は、列島内で最も大きな古墳は、この古墳群内に造られた。つまり、一番の権力者が佐紀の地域に葬られた一時代があったのである。

佐紀盾列古墳群東部。左上がヒシアゲ古墳（磐之媛陵）、中央がコナベ古墳、右がウワナベ古墳（国土地理院）

　これは何を意味するのだろうか。単に王権の葬送地だっただけと考えていいのだろうか。

　これまでの通説では、先に造られた西のグループは「三輪王権」の後継者によって、新しい東のグループは「河内王権」によって造営されたと推測されてきた。

　政権の中心地から遠く離れた墳墓群の造営は少なからず不自然なのだが、和珥《わに》・春日《かすが》氏系勢力などの地元豪族勢力と結び付けるには余りに規模が大きいことから、「三輪」や「河内」の大王権と結び付けて解釈されてきたのだった。

ところが、狭穂姫や狭穂彦の「佐保の勢力」が、王権に匹敵する実力を備えていた歴史事実が存在したとすればどうだろうか。大和王権と対立する立場にあったために記録から抹殺された、ただ、完全に無視することはできずに挿入したエピソードが狭穂彦の反乱記事だった、と考えれば…。

佐紀盾列古墳群を造った「佐紀王権」が存在した。「佐保王権」と呼んでもいいかもしれない、奈良市佐保川流域に「もうひとつの王権」があった、と考えるのが一番自然なのである。

三輪王権の「次の時代」

そして、古墳群のようすと文献記録を突き合わせれば、「佐保王権」は「大和王権」と対立していたが、やがては取って代わって列島の最大勢力になった、と考えるのが最も自然なのである。

「黄泉の道」を思わせる佐紀盾列古墳群内の道

狭穂姫は天皇に、後ガマの後宮に、丹波《たには》（京都府、兵庫県）の娘五人を入れるように進言して、死んでいった。

いかにも取ってつけたような話だが、事件から十年経た後、五人の娘らを召して後宮に入れた、と『書紀』は伝える。五番目の竹野媛だけ「容姿が醜い」との理由で送り返された。

一番年長の娘が日葉酢媛。皇后になって景《けい》行《こう》天皇を産む。垂仁《すいにん》三十二年に亡くなった。陵墓造営にあたり、殉死を禁止して初めて埴《はに》輪《わ》を立て並べた、と伝承するあの皇后だ（「出雲と菅原」編参照）。その陵墓は佐紀陵山古墳に治定され、近くに埴輪を発明した野見宿《のみのすく》祢《ね》ゆかりの菅原の地があることもすでに書いた。

『書紀』によると、垂仁天皇は百四十歳まで長生きしたという。垂仁天皇陵と伝える古墳は佐紀盾列古墳群の“続き”といっていい奈良市尼辻町にある。全長二二七メートルの壮大な前方後円墳の宝来山《ほうらいざん》古墳だ。満々と水をたたえる濠の中にある丸い小島は、常世《とこよ》の国から不老長寿の「非時《ときじく》の香菓《かくのみ》」を持ち帰った時には既に天皇は亡く、嘆き悲しんで自害した田道間守《たじまもり》の墓と伝える。

日葉酢媛が産んだ景行《けいこう》天皇の在位期間は六十年。九州の熊襲《くまそ》征討の物語などが在位中の出来事として記載される。

次いで、その第四子の成務《せいむ》天皇が位につき、やはり六十年間在位した。成務には男子がなく、日本武尊《やまとたけるのみこと》の第二子、仲哀《ちゅうあい》天皇が即位した。この仲哀の皇后が、神のお告げによって海を渡って新羅《しらぎ》を討ち、その帰りに九州で応神《おうじん》天皇を産んだと伝える神功《じんぐう》皇后である。

すでに紹介したように、成務天皇陵も神功皇后陵も佐紀盾列古墳群内にある。神功陵は全長二七五メートルあるどでかい巨大古墳で、成務陵も二一八メートルを測る。

こうした古墳が、本当に宮内庁の治定通りであるか、確証はない。

そもそも、成務、仲哀、神功の実在自体を認める研究者は少数派である。戦前は「朝鮮征伐の皇后」として大いにもてはやされた神功皇后だが、戦後は一転、研究対象とすることさえタブー視されてきたのである。

ところが、『書紀』は、垂仁天皇の時代やそれに続く時代の実力者の葬地が奈良市北方地域にあったということを伝えている。そしてそれは、「三輪王権」に続く時代の巨大な墳墓群が奈良市北方地域にある、という考古学的事実と符合するのである。

仮に、神功皇后陵とされる五社《ごさし》神古墳が神功皇后その人を葬ったものでなかったとしても、四世紀末ごろ、とてつもない権力者が「近く」にいて、奈良市山陵町のその地に葬られたという事実は存在する。その被葬者は、同時代列島最大の権力者だった。

問題は「近く」とはどこか、である。三輪だったのか、河内だったのか、それとももっと「近く」だったのか。

押熊王

『日本書紀』には、こんな記事もある。

新羅を討った神功皇后が、亡くなった仲哀天皇の遺骸と生まれた皇子（のちの応神天皇）を伴って、九州から大和に帰還しようとした時、応神にとっては異母兄弟に当たる麛《かご》坂《さか》王（『古事記』では香坂王）と押熊《おしくま》王が、神功と応神の大和入りを阻止しようと反乱を起こした。

反乱は失敗に終わる。麛坂王はなぜか、菟《う》餓野《がの》（摂津？）でイノシシに食い殺される。忍熊王は、住吉《すみのえ》、菟道《うじ》（宇治）、栗林など、大阪湾や淀川流域で激戦を展開したが、結局、近江の瀬田に追い詰められて殺される。

押熊王の「押熊」は、奈良市北方の押熊の地との関わりがいわれる。麛坂王や押熊王

押熊の地。いまは新興住宅が建ち並ぶ

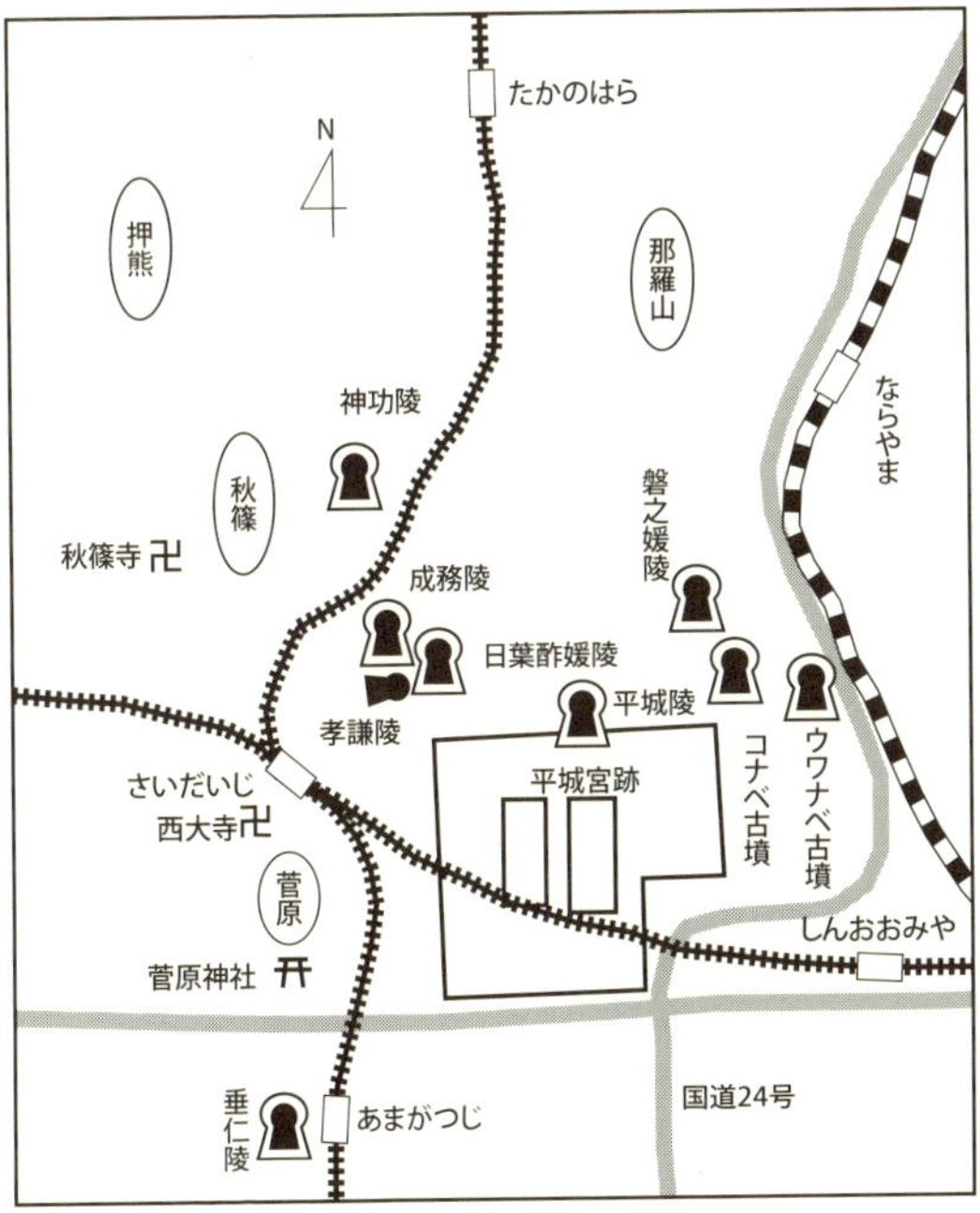

こそ奈良市北方地域を拠点とした実力者、佐保・佐紀王権の血脈だったのかも知れない。

そうだとすると、神功や応神の勢力はこれを打倒して大和に入った外来の新勢力、という解釈も成り立つ。「騎馬民族征服説」とからめて考える学説も古くからあった。

佐紀盾列古墳群を語る場合、ついつい古代王権の成立に関わる「大きな謎」の話になってしまう。

佐紀盾列古墳群から奈良山丘陵を越えれば山背《やましろ》の盆地。その向こうには、木津川・淀川を経て大阪湾があったばかりでなく、丹波を越えて日本海があった。海を渡れば朝鮮半島があった。奈良市北方地域は、半島や大陸への窓口、出入り口だった。このことをもっと重視して、古代の佐保・佐紀のことを考えなくてはならないのかも知れない。

山の辺の道沿いに展開された「謎の四世紀」から、より世界史レベルの「激動の五世紀」へつなぐ架け橋となった地域でもあった。

ワン・ポイント
田道間守《たじまもり》と「北の血」

垂仁《すいにん》天皇の命をうけて常世《とこよ》の国に行っていた田道間守《たじまもり》が、「非時の香菓《ときじくかくのみ》」を持って帰ってきた。十年がかり、やっとのことで手に入れた不老長寿の果物だった。「いま橘《たちばな》というはこれである」と、『書紀』は解説する。

ところが、前年、天皇はすでに亡くなっていた。田道間守は「万里の波頭を越えて、神仙が隠れた常世の国へ行ってきたのに」と嘆き悲しみ、陵の前で泣き叫んで、自害した。

奈良市尼辻《あまがつじ》町にある垂仁天皇陵（宝来山古墳《ほうらいざん》）の濠に浮かぶ小島は、この田道間守の墓と伝える。戦前は誰でも知っていた「悲しい忠義の物語」の舞台は、唐招提寺西北の丘陵地に息づくのである。

田道間守の墓は、菓子製造業者らの信仰の対象ともなっている。ただし、元禄年間の『山陵図』には小島らしきものは見えず、幕末の頃に造られた、ともいわれる。

田道間守は但馬国《たじま》（兵庫県）と深く関わる。同じ垂仁紀の「一書の伝」によると、田道間守の父は清彦、その父は日楢杵《ひならき》、その父は但馬諸助《もろすく》という人だった。但馬諸助の父は、新羅《しらぎ》の王子、天日槍《あめのひぼこ》だった。

天日槍《あめのひぼこ》は家出した美しい妻を追いかけて日本にやってきた、という渡来説話が、やはり同じ垂仁紀に載る（『古事記』では応神天皇の段に記載、表記は「天之日矛」）。

追いかけた先妻は見つかったのか、その後どうなったのか、定かではない。諸国を巡った後、但馬に留まって、地元の女を娶《めと》って設けた子が諸助ということになっている。

一説によると、天日槍は播磨国《はりま》に漂着し、初めは宍粟邑《しさわのむら》（兵庫県宍粟

垂仁天皇陵（宝来山古墳）。濠に浮かぶ小島を田道間守の墓と伝承する

郡）にいた。天皇が使いを送ると、「諸国を巡って、心にかなった所を賜りたい」と願い出て許され、菟道河《うじがわ》（宇治川）をさかのぼり近江国（滋賀県）の吾名邑《あなのむら》に入り、しばらく居た後、若狭《わかさ》（福井県）を経て但馬《たじま》国に入り、定住した。

江戸時代の街並みが観光客を集める兵庫県の出石《いずし》町あたりがその地とされ、同町には天日槍を祀る出石神社がある。

『書紀』の垂仁天皇にまつわる伝承は、都のあったはずの纒向《まきむく》あたりよりむしろ、奈良市北方を舞台とする場合が多い。そして、日葉酢媛《ひばすひめ》の丹波、田道間守と天日槍の但馬などのように、北近畿とつながりが深い。

もう一つの皇統譜

神功皇后も北近畿と関係が深い。神功皇后の和風諡号は「息長帯比売命《おきながたらしひめのみこと》」（『書紀』では「気長足姫尊」と書く）。父は息長宿祢《おきながのすくね》王とされ、息長氏の血を引く。息長氏は、山背（京都府南部）から興り、近江（滋賀県）を本拠とし、越前（福井県）や美濃（岐阜県）をバックに栄えた古代氏族だ。母方は天日槍や但馬の清彦の血を引くと伝える。

「河内王権」というか、五世紀の大王権の開始者になった応神天皇は、息長氏出身の神功皇后から生まれた。全国統一を成し遂げた最初の大王とされる雄《ゆう》略《りゃく》天皇も、息長氏出身の忍坂大中姫から生まれた。忍坂大中姫《おしさかのおおなかつひめ》の兄弟から数えて「五世の孫」にあたるのが、王統断絶に際して登場した継体天皇だ。さらに、息長真手王《おきながのまて》の娘、広姫から生まれた忍坂彦人大兄皇子《おしさかのひこひとおおえ》の孫にあたるのが天智、天武の兄弟である。

古代史に画期を成し、古代王権を確立した立役者らは、不思議にも、ことごとく息長氏の血を受けている。息長氏は「もうひとつの皇統譜」ともいえるのである。ヤマト王権に隠された「北の血」の謎は尽きない。

山の辺の道・名所旧跡ガイド（索引）

○メスリ山古墳　阿部丘陵にある全長２２４メートルの大型前方後円墳。昭和34年発掘調査、日本最大の埴輪《はにわ》、鉄製弓矢など大量の武器類が出土（15P　24P）

○桜井茶臼山古墳　全長約２０７メートルの大型前方後円墳。昭和24年に調査、長大な竪穴式石室を発掘、玉杖《ぎょくじょう》など出土　（15p　22p）

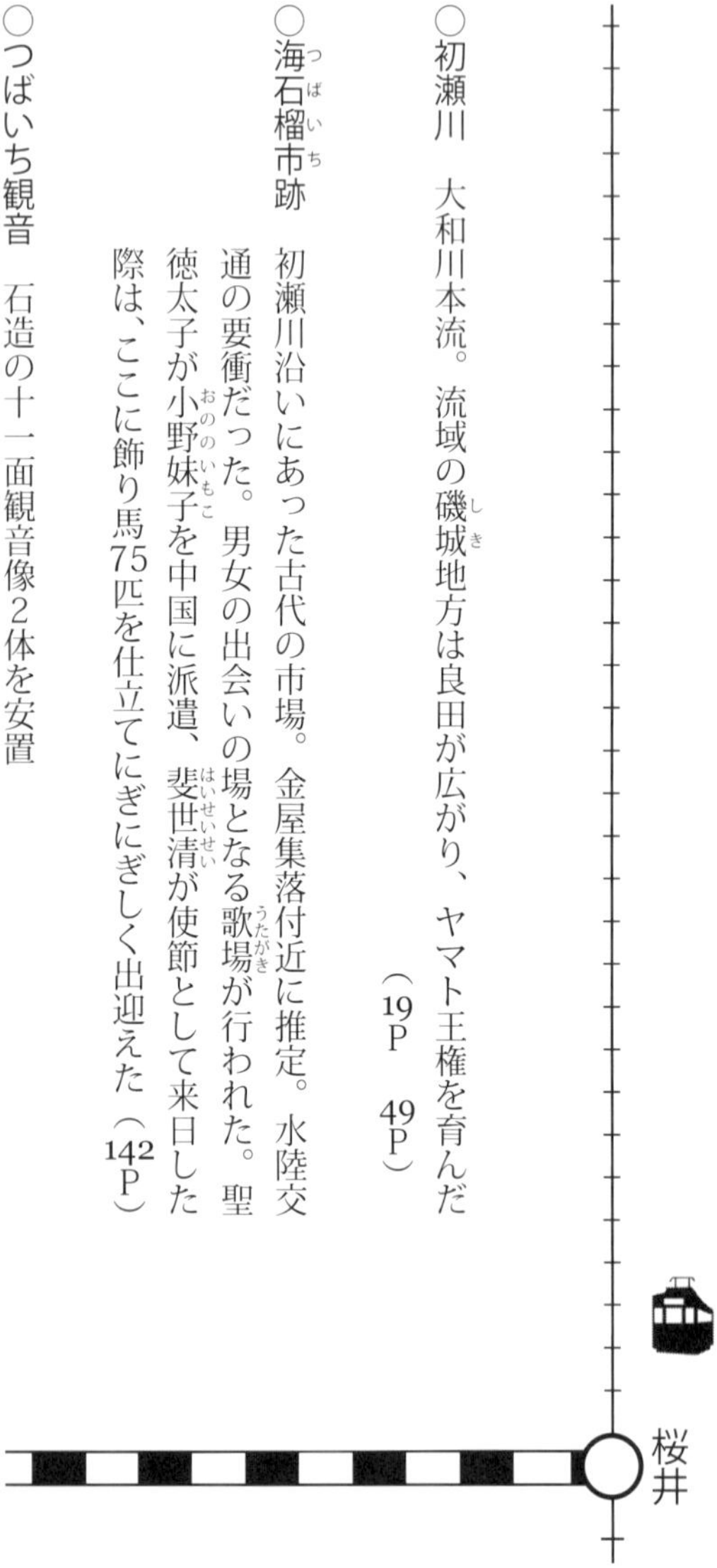

○初瀬川　大和川本流。流域の磯城《しき》地方は良田が広がり、ヤマト王権を育んだ　（19P　49P）

○海石榴市《つばいち》跡　初瀬川沿いにあった古代の市場。金屋集落付近に推定。水陸交通の要衝だった。男女の出会いの場となる歌場《うたがき》が行われた。聖徳太子が小野妹子《おののいもこ》を中国に派遣、裴世清《はいせいせい》が使節として来日した際は、ここに飾り馬75匹を仕立てにぎにぎしく出迎えた（142P）

○つばいち観音　石造の十一面観音像2体を安置

○金屋石仏《かなやのせきぶつ》　高さ2・2メートル、花崗岩質《かこうがんしつ》の石棺に2体の石仏を浮き彫りにしている

○志貴御県《しきのみあがた》神社　大和にある御県神社6社のうちの1つ。付近は崇神《すじん》天皇の磯《し》城瑞籬宮《きのみずがきのみや》伝承地（19P）

○平等寺《びょうどうじ》跡　聖徳太子創建と伝える大三輪寺が、鎌倉時代に慶円上人を迎え平等寺に。大神神社の神宮寺の一つとして大伽藍《がらん》を誇った

○三輪山　標高467メートル。大和平野を巡る大和青垣の山々の中でもひときわ美しい。山そのものが神として信仰を集めてきた（28P　45P）

○大神神社　日本最古の神社。三輪山をご神体とし、社殿がない。拝殿は徳川四代将軍家綱の造営で重文（30P）

○大直祢子《おおたたねこ》神社　大神神社摂社で「若宮」ともいわれる。大田田根子命《おおたたねこのみこと》を祀る。本殿は、元大神神社の神宮寺、大御輪寺の本堂だった。明治の廃仏毀釈で、本堂の十一面観音像（国宝）が桜井市下の聖《しょう》林寺《りんじ》へ運ばれた（30P）

○狭井《さい》神社　大神神社の摂社。4月18日に鎮花祭（くすり祭り）が営まれる。「狭井のお神水」は、酒、薬、菓子、そうめんなどのメーカーが作り始めにいただいて帰る（32P）

○玄賓庵《がんぴんあん》　平安初期の僧、玄賓が隠棲した草庵の跡という

○桧原《ひばら》神社　大神神社の摂社。神殿はなく禁足地の手前に三ツ鳥居。付近は元伊勢、笠縫邑《かさぬいのむら》の伝承地。大和平野、二上山などの眺望抜群（38P）

○ホケノ山古墳　全長86メートルの前方後円墳。3世紀半ばの発生期古墳。主体部の調査で、瀬戸内中・東部との深いつながりが注目された（58P）

○箸墓古墳　定型化された最古の巨大前方後円墳、日本最初の大王墓として注目される。倭迹迹日百襲姫《やまとととびももそひめ》の大市墓と伝承するが、邪馬台国の卑《ひ》弥呼《みこ》や台与《とよ》の墓とする説も強まる（14P　46P）

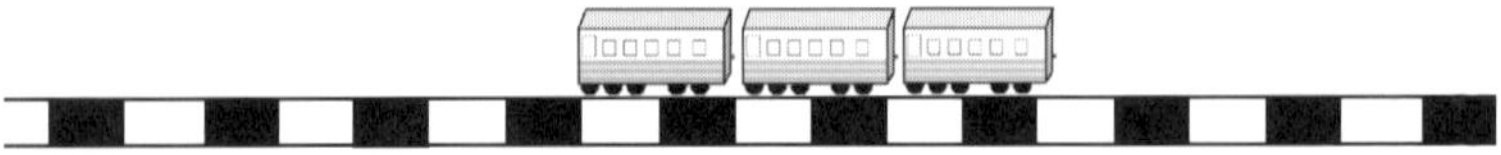

○纒向《まきむく》遺跡

弥生時代から古墳時代に移る頃の大集落跡。「日本最初の都市遺跡」と注目を集め、垂仁《すいにん》天皇の「纒向珠城宮《まきむくのたまきのみや》」、景行《けいこう》天皇の「纒《まき》向日代宮《むくのひしろのみや》」など初期ヤマト王権の都宮の存在が推定される。「卑弥呼の居た所」との見方も高まっている。（54P　64P）

○巻向山・巻向川

弓月ヶ獄《ゆづきがたけ》や穴師山など穴師の里の東に連なる山の総称。多くの万葉歌に詠まれた。巻向川がつくる車谷《くるまたに》には、かつて、そうめん粉をひく水車が多くあった（80P）

○穴師坐兵主神社《あなしにいますひょうずじんじゃ》

もとは弓月ヶ獄山頂にあった大兵主神社と兵主神社と若御魂神社の三社殿がある。日矛《ひほこ》をご神体とする（74P）

○相撲神社

野見宿祢《のみのすくね》と当麻蹶速《たぎまのけはや》が戦った最初の天覧相撲の伝承地。カタヤケシにある（78P　82P）

○景行天皇陵

天理市渋谷町にある。山辺道上陵《やまのへのみちのえ》。渋谷向山《しぶたにむこうやま》古墳。全長３１０メートル、全国第七位（15P　91P）

○崇神天皇陵

天理市柳本町にある。山辺道勾之岡上陵《やまのへのみちのまがりのおかのえ》。行燈山《あんどんやま》古墳。全長２４０メートル（15P　91P）

巻向

○天神山古墳　全長113メートルの前方後円墳。昭和35年に水銀朱41キログラムと銅鏡23面が出土。崇神陵の陪塚《ばいづか》と考えらている（95P）

○黒塚古墳　全長130メートルの前方後円墳。石室から34面の銅鏡が出土。うち33面が三角縁神獣鏡《さんかくぶちしんじゅうきょう》で、「卑弥呼の鏡か」と大騒ぎになった（97P）

○長岳寺　平安初期、淳和《じゅんな》天皇の勅願で弘法大師（空海）が大和《おおやまと》神社の神宮寺として、長岡の釜の口に創建。重文指定の建造物や仏像が多くあり、つつじと紅葉の名所としても知られる（103P）

○西殿塚《にしとのづか》古墳　初期ヤマト王権が残した6基の巨大古墳の一つ、一番北側にある。全長219メートル。継体《けいたい》天皇の皇后の手白香《たしらか》皇女の衾田《ふすまた》陵とされるが、時代が食い違い、邪馬台国の台与《とよ》の墓説が強い（15P　107P）

○西山塚古墳　全長115メートルの前方後円墳。西殿塚古墳のすぐ北西にある。3・4世紀の前期古墳が集中する萱生《かよ》古墳群の中で唯一の後期古墳。こちらが本当の手白香《たしらか》皇女陵とする研究者が多い（107P）

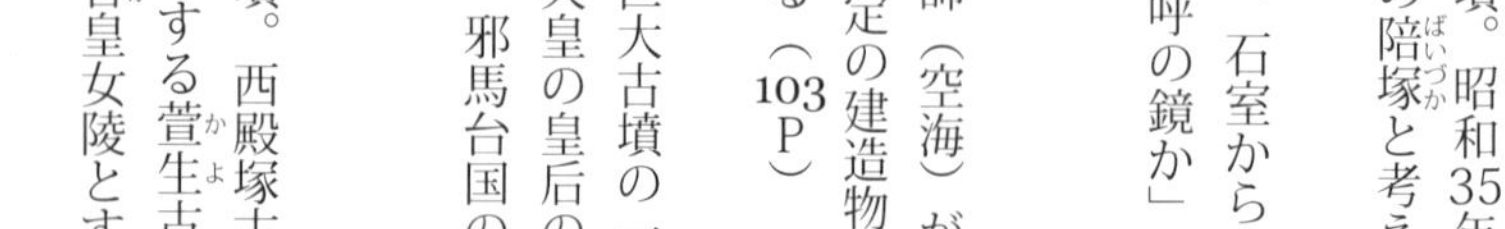

○中山大塚古墳　全長130メートルの前方後円墳。3世紀の古い古墳として注目。後円部で割竹形木棺を安置していたらしい長さ7・5メートルの石室発掘。チャンチャン祭りのお旅所《たびしょ》がある（104P）

○下池山《しもいけやま》古墳　全長120メートルの前方後方墳。直径37・6センチの大型内行花《ないこうか》文鏡《もんきょう》が出土。北九州とのつながりが注目された（104P）

○大和《おおやまと》神社　天理市新泉町。倭大国魂《やまとおおくにたま》神を祭る旧官幣大社。本来はずっと南方の長岡岬にあったと伝える。4月1日のチャンチャン祭りは「大和の祭り初め」として有名（77P　101P）

○内山永久寺跡　天理市杣《そま》の内《うち》町にある。石上《いそのかみ》神宮の神宮寺で、中世は52坊を数える大伽藍《がらん》を誇ったと伝えるが、いまは何も残らない。本堂池にかつて、草を食べる「馬魚《ばぎょ》」（ワタカ）がいた

○石上《いそのかみ》神宮　『延喜式《えんぎしき》』の名神大社。布留《ふる》社、布都御魂《ふつのみたま》神社などとも呼ばれる。社殿はなく、祭神は禁足地に埋斎。七支刀（国宝）が伝わる（120P　128P）

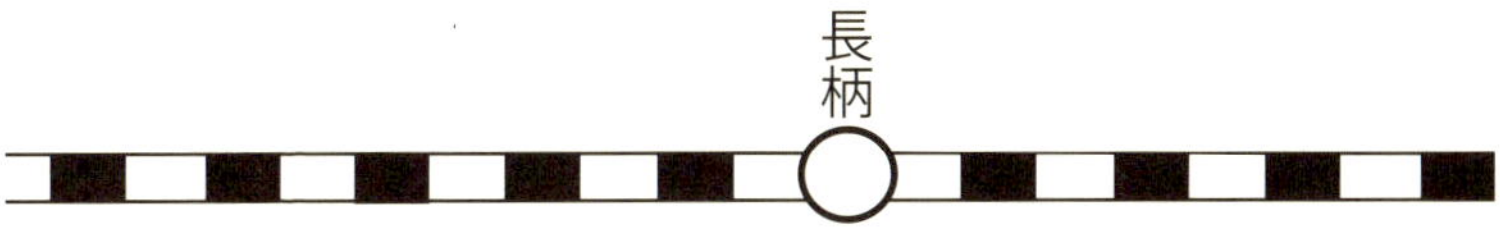

○布留《ふる》遺跡　天理市布留町一帯は縄文時代から古墳時代に続く大複合遺跡。古墳時代の豪族居館跡、大溝跡などが出土、物部氏の拠点とみられる。各種工人集団の居住をうかがわせる遺物も大量に出土（124P）

○天理教会本部　天理市布留町、三島町一帯が天理教の教祖、中山みきが親神《おやがみ》（天理王命）が最初に人間を宿し込んだ人類創造の根源の地、と説いた「おじば」。「かんろだい」が据えられたところに本部神殿が建つ（124P）

○和爾下《わにした》神社　天理市櫟本《いちのもと》町。全長１１０メートルの古墳の上に鎮座。境内には柿本人麻呂ゆかりの柿本寺の跡、近くに在原業平ゆかりの在原寺跡がある（137P）

○和珥坂下《わにのさかした》伝承地　和爾集落の北はずれに石碑が立つ（132P）

○弘仁《こうにん》寺　奈良市虚空蔵《こくぞう》町。「高樋の虚空蔵さん」と親しまれる。創建は不明。十三歳になって知恵をいただく「十三詣り」で知られる（137P）

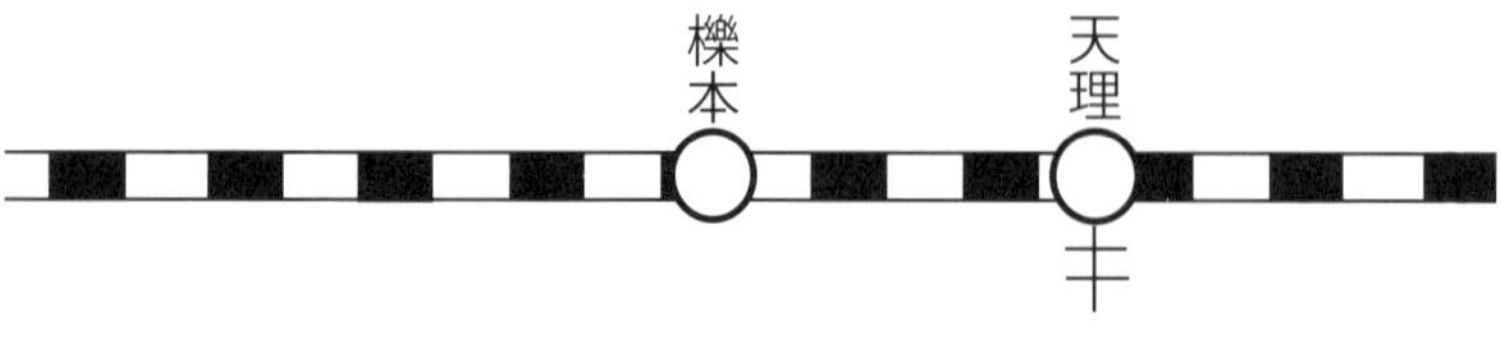

○正暦《しょうりゃく》寺　奈良市菩提仙《ぼだいせん》町。菩提仙川の渓流沿いにある。中世、坊舎86坊、僧侶60人を数えたという大寺だった。紅葉の名所（137P）

○円照寺　奈良市山町。法華寺、中宮寺とともに大和三門跡《もんぜき》寺院の一つ

○帯解《おびとけ》寺　本尊は木造の地蔵菩薩半跏《ぼさつはんか》像。安産祈願の寺として知られる

○古市廃寺　奈良市古市町。四天王寺式の伽藍配置をとる飛鳥時代の寺院跡。古代豪族・小野氏の氏寺の可能性がいわれる

○高円山《たかまどやま》　山麓に聖武天皇の離宮、高円宮があった。多くの万葉歌に詠まれ、古来、萩の名所として知られる。

○白毫《びゃくごう》寺　天智天皇の皇子、志貴親王の山荘を寺にしたと伝える。奈良の三名椿のひとつ、五色椿がある

○新薬師寺　光明《こうみょう》皇后が聖武《しょうむ》天皇の病気平癒を祈願して建立。奈良時代の建築様式をよく残す本堂と天平塑像の十二神将像（いずれも国宝）はあまりにも名高い。奈良教育大学敷地内から巨大な創建金堂跡らしき遺構が発掘され話題に

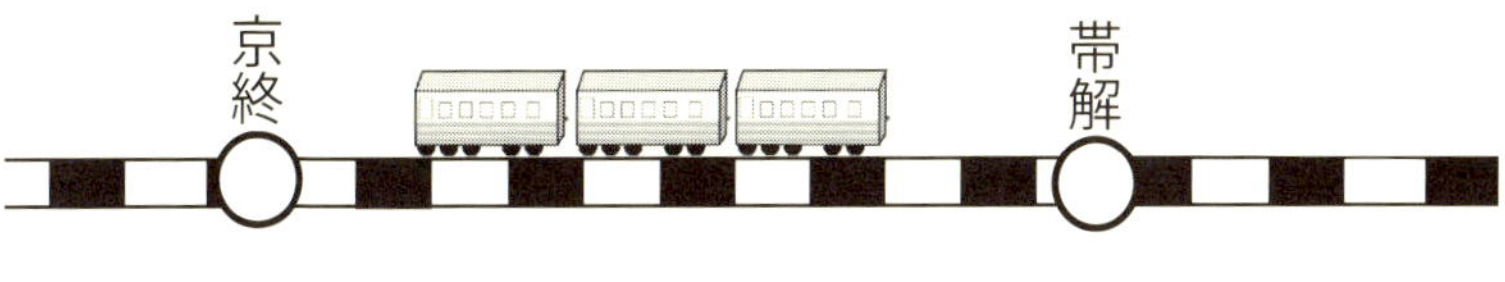

○春日野　奈良市旧市街地の東、若草山と御蓋《みかさ》山の西麓、佐保川と能登川にはさまれた台地。東大寺、春日大社、興福寺などが営まれる

○那羅山《ならやま》（平城山）　奈良市北部の丘陵地の総称、山城（京都府）との境界。山の辺の道や上ツ道《かみつみち》（後の上《かみ》街道）からは奈良坂越え、平城宮や西の京方面からは歌姫越えや押熊街道越えが用いられた（132P　142P）

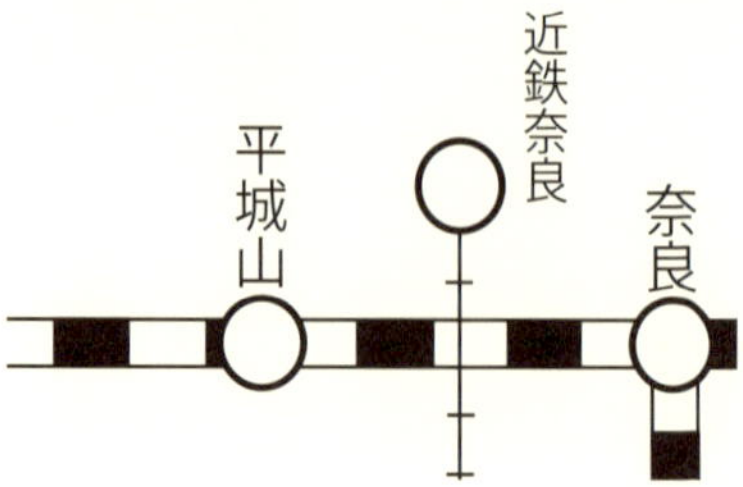

【著者】

鶴井　忠義（つるい・ただよし）

1949年生まれ。元奈良新聞文化記者。唐古・鍵遺跡、纏向遺跡、飛鳥京跡、平城宮跡、藤ノ木古墳などの発掘調査を取材・報道。取締役編集局長を経て、現在、青垣出版代表取締役、倭の国書房代表。奈良の古代文化研究会主宰。著書に『探訪日本書紀の大和』（雄山閣出版）

奈良を知る　日本書紀の山辺道

2009年10月28日　初版印刷
2009年11月 8日　初版発行

著者　鶴　井　忠　義

発行所　有限会社　青　垣　出　版
〒636-0246 奈良県磯城郡田原本町千代387の6
電話 0744-34-3838 Fax 0744-33-3501
e-mail wanokuni@nifty.com
http: //book.geocities.jp/wanokuni_aogaki/index.html

発売元　株式会社　星　雲　社
〒112-0012 東京都文京区大塚3－21－10
電話 03-3947-1021 Fax 03-3947-1617

印刷所　互　恵　印　刷　株　式　会　社

printed in Japan　ISBN978-4-434-13771-6